山本崇雄
Yamamoto Takao

「教えない」から学びが育つ

子どもが自律する教育のミライ

ウェッジ

まえがき

「教えない」がこれからの教育を創る

僕は2019年に25年間勤めた公立学校を辞めました。理由は、大きく2つあります。

1つ目は、公立学校では管理職や教員の異動が頻繁であるため、教育改革が定着しにくかったこと。異動するたびに「腰を据えて学校改革に取り組みたい」という思いが強くなっていきました。現在、教育は危機的な状況にあります。他国や特定の学校の教育手法、ICT活用、探究学習といった取り組みに注目が集まる一方で、手段を巡る議論や対立が繰り返され、本来の目的が見失われることも少なくありません。手段にこだわるほど、その枠組みに合わない子どもが取り残されるという現実もあります。これまでの教育は、「最大多数の幸福」を追求する手法の議論が中心でした。しかし、これからは「最大多様の幸福」を目指し、子ども一人ひとりを大切にする教育へと転換していかなければなりません。

どんなに優れた教育手法も、子どもたちが「学びたい」という内発的な動機を持たなければ、その効果を十分に発揮することはできません。今、学校に最も必要なのは、子どもたち自身が「学びたい」という内発的動機を育む教育活動です。

「学びたい」という内発的な動機を育てる一つの手法として、僕は「教えない授業」という実践に取り組んできました。このアプローチは、教師が一方的に教えすぎないことで子どもたちが自ら学び方を選び取ることを重視しています。「選択する学び」が次期学習指導要領でもキーワードになると言われており、主体性を育てるためには欠かせない要素です。

僕が目指すのは、この理念を基盤にした、公立学校にも広げられる学び方改革です。例えば、カリキュラムそのものを進化させることで、特別な予算に頼ることなく教育の質を高めることができます。こうした改革が実現すれば、特定の〝人〟に左右されることなく、教育全体が持続的に変わっていくでしょう。

教育の本質に立ち返り、子どもたちが心から「学びたい」と思える環境を作る。そのためには、教育現場の限界を超えて新しい仕組みを模索する必要があります。具体的な方向性を、各分野の一線で活躍する方々との対話を通じて明らかにしていきたいと考えています。

2つ目は、企業との協働の難しさです。公務員という立場では副業で収益を得ることが難しく、新しいアイデアを商品化しようとしてもうまくいかないことが多々ありました。過去には僕のところに相談に来た企業に、アイデアを無償で持っていかれたことも。公立・私立を問わず、教員の知的財産が守られる働き方を実践する必要があると痛感しました。

社会の変化を教育に活かすためには、学校が社会とつながる仕組みを整備し、柔軟に対応する力を持つことが重要です。そのために、兼業する教員を増やし、多様な経験を教育現場に還元できるようにするべきです。教員が企業や地域と協働することで、教育現場に新しい視点や価値が取り入れられ、子どもたちに「社会とつながる学び」を提供できるようになります。

公立学校を辞めた後は、兼業が可能であることを条件として東京・中野区にある新渡戸文化学園に転職し、教育改革に取り組みました。新渡戸文化学園は初代校長が新渡戸稲造であり、その教育理念は普遍の価値を持つものでした。しかし、その理念がカリキュラムに十分に活かされておらず、生徒の募集にも苦労していたのです。そこで3年間にわたって改革を行い、新たなカリキュラムを作り上げ、その結果、募集定員を満たすことができるようになりました。現在、学園は現場の先生たちの努力によりカリキュラムをさらに進化させ、注目を集める学校へと発展しています。

この頃、各地の学校で「教育改革」が進められ、変化の激しい社会で主体的に生きる人材を育てるための取り組みが行われるようになります。僕は多くの先生方と交流し、複数の学校をアドバイザーとして支援するようになりました。さらに、公務員時代には難しかった企業とも雇用契約を結び、活動の幅を広げていたので「二刀流教師」とも呼ばれました。こうして新しい働き方を模索する中で、分野を超えた多くの人々と出会い、そこでの学びが今の教育実践を築く大きな力となっています。

その中でも特に、本書に登場する工藤勇一氏と木村泰子氏の校長としての学校改革は、多くの教育者に大きな影響を与えてきました。

お二人が現場を去る時、僕は「先輩世代の成果をしっかりと受け止め、次の世代へとつなげていくこと」の重要性と責任を強く感じました。お二人は今でも教育界のオピニオンリーダーとして活躍されていますが、いつまでも頼り続けるわけにはいきません。だからこそ、工藤氏と木村氏をはじめとした学校改革の〝黄金世代〟の功績を広く伝えたいと考え、この本の構想が生まれました。

構想を進める中で、僕はある言葉に苦しむ人たちに数多く出会いました。それは

「教育を変えなければいけない」

という言葉です。この言葉の重圧に苦しむのは、学校関係者だけではありません。子育てをする保護者や、企業で人材育成に携わる方々も同じです。その苦しみに触

れるたびに、皆さんが抱える努力や葛藤が痛いほど伝わってきます。

しかし、本当に大切なのは、「教育を変えなければならない」という言葉の目的は何なのか、そして主語は誰なのかを問い直すことです。外からの圧力に押し流されるのではなく、一人ひとりが目的意識を持ち、「自分が教育を変える」と主体的に考えることこそが重要です。

本書で紹介するアプローチは、教育関係者、保護者、ビジネスパーソンという3つの層のいずれにも共通して役立つものだと確信しています。

ただし本書に書かれた教育の考え方は、決して唯一の答えではありません。皆さんがこれからの教育を考える上での選択肢の一つとして受け取っていただければ幸いです。子どもも大人も、「自分で決める」ためには豊富な選択肢が必要です。まずは、ありのままの自分を受け入れ、本書を手に取っていただければと思います。

本書では、著者である僕・山本崇雄が、これまで教育改革の中で多くの助言をいただいた方々の思いを、対談を通してお伝えしていきます。教育界からは、前述のお二人に加え、学校教育や教員育成を学問的な視点で研究する苫野一徳さん、新しい学びや探究学習の実践者である岡佑夏さんとの対話を収めました。

また、これからの社会の変化を見据えると、学校だけで「教育改革」を進めることには限界を感じています。探究や生徒主体の授業を構築する上で、ビジネス界との連携は不可欠です。そこで、ビジネス界での人材育成の観点から株式会社植松電機の社長で小説『下町ロケット』のモデルとも言われる植松努氏、AIを活用したビジネスを起業し、AI教材キュビナ（Qubena）を開発した神野元基氏とも対話を行い、学校と社会をシームレスにつなげるための貴重な示唆を得ました。これら6名との対談に加え、特別対談として青山学院大学陸上競技部監督の原晋氏との対話から得た思いを、僕の「教えない授業」の実践というフィルターを通して紡いでいきます。11年間で箱根駅伝8回の優勝を誇る原メソッドの秘密を、学校教育の観点から紐解きます。

本書が、これからの子育てや教育、人材育成に悩むすべての方への一助となれば幸いです。

「教えない」から学びが育つ　目次

第1章

教えすぎない時代へ

特別対談

主体性を育む教育と指導の新しいカタチ

原　晋（青山学院大学陸上競技部監督）

第2章

「教えない授業」の先にある学校の未来

［対談］

子どもたちに主体性を取り戻す「学び方改革」

工藤勇一（横浜創英中高アドバイザー・内閣府規制改革推進会議専門委員）

第3章 どんな子どもも取り残さない学校作り

［対談］すべての子どもに学びの場を
木村泰子（大阪市立大空小学校初代校長）

第4章 「自ら学ぶ子」を育てる先生の役割

〔対談〕

「教育学×学校」で教育を土台から変えていく

苫野一徳（熊本大学大学院教育学研究科准教授）

第5章 子どもが「学び方を学ぶ」探究学習

〔対談〕

失敗も成功も繰り返し体験できる「やればできる」の探究学習

岡 佑夏（教育デザイナー）

第6章 「学べる」子は社会に出ても活躍できる

［対談］「教えない会社」から生まれる自律した人材

植松 努（株式会社植松電機 代表取締役社長）

第7章

ＡＩが支える子どもの「選択する力」

［対談］

ＡＩが変える教育の未来　神野元基（Qubena開発者）

カバー写真／小田駿一
本文中の写真は、クレジットがないものはご本人による提供となります。

第1章

教えすぎない時代へ

対談：原 晋（青山学院大学陸上競技部監督）

特別対談

主体性を育む教育と指導の新しいカタチ

箱根駅伝で8度の優勝を誇り、「原メソッド」や「青学メソッド」と呼ばれる独自の指導法で大学駅伝界の頂点に立つ青山学院大学陸上競技部。同部の男子長距離ブロックを率いるのが同大学地球社会共生学部・地球社会共生学科教授の原晋監督です。これまで部活動の強豪校といえば、いわゆる体育会系と呼ばれる徹底的な管理のもと、汗水を垂らした厳しい練習を積むことが常識だとされてきました。しかし、原監督のマネージメント術はその常識を１８０度覆すもので、選手の主体性を重んじ、内発的動機に働きかける方法論です。この革新的なメソッドは、陸上界だけでなく、他分野にも影響を与えるまでに至っています。そこには原監督独自の方法論があります。

陸上だけに留まらず、ビジネスや教育にも通じる原メソッド。原監督と僕の共通点、それは学生や生徒の主体性を育て、自由と多様性を重視する考え方です。陸上界と教育界、それぞれの異端児として、教育やビジネスにも通ずる主体性の重要性、組織での振る舞い、そして今求められるリーダー像について語ります。

「敷かれたレールから、自分で山を登る力を」今求められる教育の本質

山本：原監督も僕も50代です。いわゆる管理教育と呼ばれる詰め込み型の暗記重視の教育を受けてきた世代かと思います。しかし、それとは対照的なトレーニングや教育方針を採用しています。原監督が現在のような主体性を重んじるトレーニングに舵を切った当初のことについて教えていただけますか。

原：私のメソッドは「主体性を重んじる」とよく言われます。それ自体、聞こえも良いし、実際に最終的には主体性が力を発揮します。しかし、それには基本となる「型」から生まれる「軸」が不可欠です。「型」があるからこそ「型破り」ができ、基本があるから改革が生まれるわけです。自由気ままに好き勝手にやっているわけではないんです。「軸」というのは、誰かに無理矢理与えられたり、何も考えずに

子どもの自由と多様性を重視するという原晋さん（左）と著者（右）。

人から言われた通りにやる、というところから生まれるものではありません。自分で考え、実行することで自分の「軸」ができてくるのです。

私が子どもの頃は、とにかく暗記、暗記という教育でした。ちょうど学生の頃は、戦後復興期で、経済が右肩上がりに発展し、社会全体が良くなっていこうという熱気に包まれていました。学校の現場でも、先生たちが「右向け右」といった一斉教授型の管理教育を推進していましたね。そうした教育の成果で、私たちの世代は一種の「金太郎飴集団」になったと言えるでしょう。どこを切っても同じような画一的な生徒ばかりだったんです。

もちろん、それで一定の成果はありました。しかし一方で、「本当は画家になりたかった」「ミュージシャンになりたかった」といった夢を心の中に秘めながらも、諦めざるを得なかった人たちも多かった。当時は「良い大学を出れば良い会社に入れて、豊かな生活が保証される」と信じられていましたからね。

ところが、時代は大きく変わりました。今は正解が読みづらい時代です。だからこそ、学生自身が自ら模索し、答えを掴み取っていく力が求められています。それを実現するためには、「こうなりたい自分」を目指してチャレンジする文化を作らなければならないと感じています。ただ、日本の教育は依然として、親や先生が敷いたレールの上を走らせるような構造が残っているのではないでしょうか。

そんな中で、山本先生のように自律型の教育を実践されている方々が増えてきて、少しずつ変化が起き始めている。まさに今、過渡期を迎えているのだと思います。

山本：僕も一教員として自律型の教育の重要性を発信はしていますが、原監督のような発言力の大きい方にそのように言っていただけると非常に心強いです。原監督の青学陸上部での取り組みを通じて、自分の軸を作り、それを勉強や社会で応用できるようになった子どもたちは、きっと力強く人生を歩んでいけると思います。

原：昭和の管理教育を受けて感じるのは、あれだけ必死に暗記し、勉強しても、言われたことはできるけど、自ら判断したりや思考したりする力が足りない人が多いのではないか、ということです。そんな仕事の仕方では、これからの時代、ＡＩに取って代わられますよ。

例えば、私は太陽と山の位置、住宅の玄関の位置を見ればある程度方角が分かる。住宅街は基本的に生活空間をより良くするために太陽の位置を計算して設計されていますし、街も主要道路を中心に作られていることが多いです。でも、今の人はすぐにスマホの地図を見るでしょ。

山本：確かに、そういう「感じて、考える力」が子どもたちから奪われていると感じますね。

先ほど、原監督がおっしゃったような、敷かれたレールの上を歩む教育を、僕はよくロープウェイに例えるんです。山登りでは、登る山の高さや頂上からの景色を知っていると、自分で急勾配や平坦な道を感じながら、その過程も楽しめますよね。

でも、現実の多くの教育現場では、生徒が歩きながら、いろいろ感じて山を登るのではなく、「この山を登れ」と一方的に指示されます。それだけでなく、先生がロープウェイに乗せて、いつの間にか頂上に連れて行ってしまう。頂上に着いて先生が「ほら、綺麗な景色でしょ？」と言っても、生徒はポカンとしているだけなんです。「別に自分が見たかったわけではないし」と。そうなると、自分が何をしたいのか分からない子が増えてしまうんです。今の先生たちは、良かれと思いロープウェイを作ることに疲弊しているように見えます。

その結果、今の子どもたちは小学生の時から1日の過ごし方が与えられていて、自分で決める経験がほとんどありません。朝の過ごし方も、学校での時間割も、放課後になれば習い事でスケジュールが埋まってしまい、自由になるのは夜の9時や10時。そうなると手軽にできることといえばゲームや動画くらいしかありません。何をしたいかと尋ねても、「寝たい」と答える子も少なくないんです。

こうした生活を送っていると、「なりたい自分て何だろう」と考えたり、「何でこれをやるんだろう」と疑問を持ったりする機会がありません。その結果、大学に進学しても何をしていいか分からない子が増えています。たとえ学校の成績が良くても、自分で何も決められない子どもがいるんです。

原：なるほど、おっしゃる通りだと思いますね。これだけ社会は大きく変わっているのに、教育は私たちの頃とあまり変わっていません。大人のエゴや理想像を子どもに押し付けているように感じます。それがマニュアル化されていると思うんです。マニュアル化し、標準化すれば大人にとって管理するのが楽なんですよ。その結果、子どもたちは標準化された生き方を与えられるがまま、言われるがままに受け入れ、思考停止に陥ってしまっているように見えます。

　時代と共に社会も変わり、流動的な世の中では、根幹を成す「軸」をいかに作るかという視点が重要だと思います。ですが、実際の教育現場で行われているのは、「軸」を作ることではなく、枝葉の部分をいじることばかり。教員の皆さんは「忙しい、忙しい」と口にしますが、「軸」がしっかり定まれば、多くの仕事は割り振りできるんです。そうなれば教員も楽になるはずなんですよ。「軸」という根、つまり本質について考える思考方法へそろそろ変えていかないといけないと思いますね。

山本：そうなんです。僕の「教えない授業」を見学された方から、「生徒はビジーだけど、先生はゆったりしているんですね」と言われることがあります。それを見て、「先生が教えてくれない」と不安になってしまう親御さんもいらっしゃいます。

今、世界でもっとも難しいと言われている大学にミネルヴァ大学（２０１４年設立のアメリカの大学。特定のキャンパスを所有せず大学4年間で学生は7都市で生活する）があります。授業は学生同士のディスカッションを中心に進行します。そのため、90分間の授業中、教員が話せる時間は合計10分と定められていて、それを超えると警告音が鳴ると聞きます。

原監督がおっしゃった「軸」というのは、教育における「学び方」だと思うんです。これまでの子どもたちは、課題を与えられてこなし、次々にテストを受けさせられていただけで、学び方を知らなかった。でも本来は逆であるべきです。例えば、テストで良い点を取りたいなら、そこを目標設定として逆算し、やり方を学ぶ必要があります。ミネルヴァ大学では、まず「軸」を整えるところから始めている。僕はもともと英語の教員ですから、第二言語習得理論に基づいた「学び方」を生徒に体験を通して手に入れてもらうことから始めます。そうすると、生徒は自分で勉強できるようになります。その上で、生徒自身に目標設定をさせ、自由に学ばせることが非常に大事なんです。

「軸」を育てる指導
青学陸上部の挑戦と教育界への示唆

山本：原監督は青学の監督に就任した当初はどのように「軸」を構築されたのですか？

原：今から21年前、私は現在の青学の陸上部監督に就いた当初から自律型の指導者だったわけではないんです。むしろ、どちらかと言えば君臨型で、１から10まですべて教え込んでいました。それこそ最初の８年間は、選手が夜中に抜け出したり、飲酒の問題が起きたりしたこともありました。そうした問題が起きた時には、事あるごとに全員を招集してミーティングを開き、「陸上競技は規則正しい生活態度こそが大前提で、基本ができなければプラスアルファのことは何もできない」と繰り返し注意しました。だからまず時間を守るなどの道徳的に大事な部分やトレーニングメソッドの根の部分、日ごろのＪｏｇの質を高めることが大切だということを徹底的に教え込みました。そういう基礎ができてから次のステップに移っていったんですね。

山本：僕も最初は、設定した目標に対して取り組むことに集中させるのが重要だと思います。例えば、生徒に目標設定をさせて、「これができるようになりたい」と決めたとします。でも、5分後におしゃべりを始めたり、スマホをいじりだしたりする生徒が出てくる時があります。そんな時には「大丈夫なの？ まだ5分しか経ってないよ。目標設定したんでしょ？」と厳しく注意することもあります。授業は最初の5分が勝負です。中学生くらいの年齢だと、できていないことをメタ認知するのが難しいので、気づかせてあげることが必要なんです。特に、年度や学期の初めの1カ月は、こういった目標に向け、自分をコントロールするという概念を理解させることが重要です。

原：目標達成のためには、選手との距離感も重要ですね。1から10まで教え込むと、選手と私の距離がものすごく近くなり、選手は私に依存してしまいます。その分、選手は指示されたことをこなすだけになりがちです。そうなると、選手は拒否権を発動できないんです。私は、選手が陸上競技に向き合う段階に応じて、選手との距離を徐々に取りながら、自律を教えるようにしています。

例えば、最初は「目標管理ミーティング」と称して、1年間の目標を決め、それにアプローチする方法をグループディスカッションで話し合います。当初、私もそのミーティングに参加し、選手一人ひとりのプレゼンテーションに対して「その方法は違う」などと指摘していました。

ただ、道徳的な指導や目標管理に対して、一部の選手から「これが陸上と関係があるんですか？　そんな時間があるなら遊びに行ったり、眠ったりしたい」といった不満が出たこともありましたよ。それでも基本を徹底していくと、結果が出てきて、目標を達成することがだんだん楽しくなってくるんですよ。そうすると自分自身がその重要性を理解し、キャプテンを中心に「目標管理ミーティング」を自主的に開くようになりました。そうなれば、私はもう参加する必要がないわけです。

ずっと君臨型やパワー型の指導を続けていたら、こうは変わらない。1年目で軸を徹底させ、選手が強くなるにつれて指導者も力を増し、選手との距離が近いままで終わる。自律とはほど遠い状態になります。でも、指導者がある程度の実績を残し、パワーを持ったら、全体の方向性を決めていく仕事に切り替えるべきなんです。

だから、現在の私の仕事は、グラウンドで怒鳴るのではなく、練習を見守り、寮で選手の挙動を観察しながら問題がないかを見抜くことが中心です。私まで選手と一緒に動いていたら、動いている選手の様子は分からないわけです。止まっているからこそ、動いている選手のことを見抜くことができるんです。

これはスポーツの指導者に限ったことではありません。これまでの教師も、一方的な支配型、または暗記重視型、管理型の教育を行い、生徒を支配してきた部分があると思うんです。そうした指導を受けて、うちに入部してくる学生の中には、

我々のような自律型の組織に戸惑う選手も少なくありません。

ミーティングでは先輩たちが明るく自分の意見をたくさん話し、時にフランクな物言いもします。そんな様子を見てビックリした新入生が私の顔色をうかがうこともあります（笑）。怒られるんじゃないかと思うんですね。あるいは2人で話している時に、私が頭を掻こうと手を挙げると、殴られるんじゃないかと身構える新入生もいるほどです。

山本：これまでの経験から、そのように思ってしまうんですね。

原：そうなんです。特に伝統校や強豪校から入学した新入生の「洗脳」を解くのに1年ほどかかることもあります。でも、1年もすれば、うちの部では「話すこと」「提案すること」「さまざまな意見が認められること」や、「自分の意見を発信することはいいことなんだ」と理解します。そして、自分の思いを持ちながら自ら律する組織なんだと気づくわけです。そのタイミングになると、「目標管理ミーティング」での態度が大きく変わる。私に見せるためではなく、「目標は自分のために、自分で考えないといけないんだ」ということを心から理解するようになるのです。

山本：原監督が主体性を大事にすることについて、ご自身の原初的な体験があったのでしょうか。

原：小学校1年生の時のことですが、海岸で遊んでいる時に防波堤から転落し、足を20針も縫う大怪我を負ったんです。その後、ギプスをつけて松葉杖生活を2カ月程度送ることになり、遊び回りたい盛りだったのに、思うように動き回れなくなってしまったんです。その経験で、自分の意思で自由に動けないことの虚しさを味わいました。この抑圧された感覚が、後々の管理教育に対する反骨精神や主体性を重視する姿勢につながっていたのかなと今振り返ると思いますね。

山本：実は僕も同じような経験があるんです。小学校2年の時、急性腎炎で2カ月ほど入院したんですね。退院後に登校すると、同級生たちはちょうど「九九」を習い終わったばかりで、私だけ毎日居残りさせられて無理やり覚えさせられたことがあったんです。でも、「何のために覚えるのか」という目的が分からないので、なかなか覚えらなかったんです。その結果、自己肯定感も下がってしまいました。このような抑圧された経験が、今の教育観につながる原点になっているのかなと感じますね。

「青トレ」の原点 目的を理解し、自走する選手の育成

原：我々の世代では、陸上部で腕立て、腹筋、背筋を30回3セットやらされるのが当たり前でした。でも、それが実際の競技にどう活きるのかまったく分からないまま、言われるがままにこなしていたんです。そこで、監督就任後、「どの筋肉をどう鍛えれば速く走ることに直結するのか」を選手たちに理解させるために、フィジカルトレーナーを招いて指導してもらうことにしたんです。それが「青トレ」と呼ばれるフィジカルトレーニングの普及活動につながったんです。

私からフィジカルトレーナーに1つだけお願いしました。「やり方を教えるのではなく、選手に目的を教えてください」と。何のためにこのトレーニングが必要なのか、この筋肉を動かすとどう体が反応するのかを選手自身が理解すれば、たとえ

トレーナーや指導者がいない時でも、選手たちで考えて練習できるようになります。こうして選手が自走する仕組みができていくんです。

山本：普段選手から「何のためにこの練習をやるんですか？」という質問は出てくるのですか？

原：そうですね。練習の時には、最後に「400メートルを10本」など、具体的なメニューを伝えますが、その前段階として、まずは今日のトレーニングの目的を説明します。それは1年の流れの中で、「今はこのタイミングだからこういう目的のための練習だ」とまずは理解してもらいます。最終の目標から逆算思考をして一つひとつの練習の目的を理解するんです。

山本：なるほど。今の原監督のお話を聞いていると、駅伝で強くなる以上にもっと先の未来にも役立つことにつながっているように思えます。陸上という競技を通して、人生を生きる上での大切な考え方を選手たちも身に付けているのではないでしょうか。

原：おっしゃる通りです。先ほどもお話ししたように、社会は大きく変わっているのに、教員は変わってないわけでしょ。正解が分からない時代になっている。正解が分からないならもうチャレンジしかないんですよ。そして失敗からしか学べないんです。五感で感じてトライアル・アンド・エラーを繰り返すしかない。チャレンジする文化が必要なんです。

インプットの質がアウトプットを変える 教育とスポーツに共通する指導の極意

山本：今、学校では探究学習という授業があります。子どもたちは好きなことを探究する時間ですが、多くの教員は自分の苦手な分野には触れたがらないんです。指導者として「分からない」と生徒に言いづらい気持ちがあるんでしょうね。でも、原監督のご著書を拝読して、僕と近いなと感じたのは、「分からない」を認めて、生徒に聞くことを厭わない姿勢です。

例えば、動画編集が得意な生徒がいて、その子が先生役になり、教員に教えたことがありました。得意なことを人に教えることで、本人のインプットもさらに増え、アウトプットもうまくなるんですよね。

原：そうですね。先日、部の全体ミーティングがありました。箱根駅伝まで2カ月を切ったタイミングで、ルールを再確認しようとなったんですよ。例えば、いつまでに登録メンバー16名の選手を決め、メンバー変更は何日前まで何名まで許されるのか。1区や2区の距離なども。でも、当事者である選手たちは意外とルールを詳しく知らないことがあるんです。これまでは、指導者である私がその内容をレクチャーしていたのですが、今回は学生にプレゼンを任せることにしました。

山本：プレゼンをするためには事前にたくさんインプットして、それを伝える練習が必要ですね。

原：そうなんです。部内の選考メカニズムも含めてプレゼンを通して学ぶことで、選手たちにも計画性が生まれるんです。また、人に何かを伝えるためには、アウトプットする何倍ものインプットが必要なことも実感したようです。インプットが足りなければ、相手に説明ができないんです。こういう仕掛けこそが本物の教育だと思うんです。

今は陸上競技を通じて行っていますが、社会に出た後、全く異なる分野でもこういった思考が活きていくという話をしました。

ちなみに、毎年1月に広島で開催される全国都道府県対抗男子駅伝競走大会で、ラジオ解説をしています。ラジオは数秒でも沈黙があれば放送事故になってしまうので、実況のアナウンサーとずっと話をしなければいけません。そのため、約2時間半の放送に向けて、有力選手や監督へのインタビューなど、膨大な量の情報をインプットしています。でも、放送時間内にアウトプットできるのは1～2割程度ですよ。

山本：学校でも授業が上手な先生は膨大なインプットをして準備しますが、実際に授業でアウトプットするのはその一部だけです。一方で、経験が浅い先生は、準備したものをすべてアウトプットしようとしてしまう傾向があります。

僕の「教えない授業」でも、実は準備にたくさん時間をかけています。生徒がどんなことに疑問を持つか、どんなところにつまずくかなど、さまざまな可能性を考えて準備します。「教えない授業」と言いつつも、実際は教える前提で授業の準備に時間を費やしているんですよ。そこはよく勘違いされがちなんです。

「結果」ではなく「成長」を価値づける教育とスポーツに共通するプロセスの重要性

山本：原監督の場合、大会で結果を残すこと、つまり勝利を求められるのに対し、学校の場合は進学実績などの結果も求められながらも、学びの過程が重視されるべきだと考えています。子どもたちに「結果がすべてだ」と伝えると、結果に届かないと思った時点で諦めてしまう子が多いんです。だからこそ、1日、1日のその時々にポジティブな選択ができたことを価値づけてあげることが、自律を育て、成長するための基本だと思うんです。

例えば、朝きちんと起きられた、朝ご飯を食べられた、授業中寝ずに集中できた、といった日常の小さな選択を自分で価値づける。そして、それを1日、3日、1週間、1学期と続けていくことが成長につながる。その成長こそが大事なんだよ、と生徒たちには伝えています。その積み重ねがなければ、その先にある成功はない、と強調しています。

原：そのポジティブな選択は、陸上で言えば「練習」で、その日の練習をどのようなモチベーションで取り組むかが重要です。それができないと大きな目標は達成できないし、勝つことだってできない。まずは、日々の取り組みに目を向けさせることが大事だと思っています。

山本：一見すると、学校教育と勝負の世界は違うように見えますけど、決して「結果だけを重視する」というわけではないのですね。

原：まったく同じだと思います。プロセスを無視して、結果ばかりを追い求めると、結局中身のない集団になってしまいます。私は、結果が悪かったといって叱り飛ばすことはほぼありません。箱根駅伝で優勝すれば当然喜びますが、たとえ負けたとしても「君たちがやってきた1年間の成果がこれだね」と伝えるくらいです。負けた時には「何が足りなかったのか」を部員たちで検証し、プロセスを丁寧に積み上げていきます。

勝負事には時の運もあれば、ピーキングが合わないこともあります。それよりも、箱根で勝とうが負けようが、一生懸命努力し、後悔なくやり切ったことが大切なんです。ゴールテープを切る時に、5番手ぐらいの選手が謝るようにゴールする姿を目にすることがありますが、うちでは最下位でも笑顔でガッツポーズをしてゴールするように、と決めています。悪いことをしているわけではないので、堂々と振る舞えば良いんです。

山本：それこそが、成功者のイメージです。学校教育でも、例えば受験を例にすると、東大を目指して日々努力を続けても受からないことがあります。一方で、多少手抜きをしても受かってしまう生徒もいる。どちらが人生における成功者かと言えば、僕は日々努力するプロセスを繰り返した生徒だと思うんです。努力を重ねれば必ず「成長」が手に入る。その「成長」をたくさん手にしたものが成功者だと、日々の選択を価値づければ、カンニングやズルをして結果を手に入れることがいかに馬鹿げているかに気づくわけです。

原：全く同感です。道徳観を抜きにしてすべての物語は語れませんし、ズルをしてまで勝つ必要はないと思います。私が大学で担当する授業の最後のテストを「テスト」とは呼びません。「テスト、テストと言ったら君たちのプレッシャーになるし、今までの偏差値教育と同じだからテストじゃなくて『振り返り』と表現する」と言っています。唯一のルールは、「他人の解答を見ないこと」。それ以外は、インターネットやノート、テキストを見ても良いことにしています。授業全体を振り返り、最後のまとめを自分ですることが重要だと考えるからです。

山本：テストではなく「振り返り」と表現を変えるのはいいですね。使う言葉はやはり非常に大事だと思います。僕も、新渡戸文化学園の学校改革では学期末考査を「アウトプットテスト」と名づけて、学期の学びを自分の言葉で表現する場に変えました。「何を学んだか」を自分の言葉でアウトプットすることは学びを単なる暗記に終わらせないために重要です。

大きな夢と現実の一歩
原メソッドが教える目標設定の本質

山本：言葉の使い方と言えば、目標設定の大切さについておうかがいしたいです。学校の教育目標は長いですし、覚えにくいものが多いんです。それに比べると、原監督のキャッチフレーズは分かりやすく、面白いと思いました。個人的には2015年の「コカ・コーラ大作戦」が好きです。

原：コーラって、少し揺らしたり振ったりしてからフタを開けると一気に噴き出しますよね。それと同じで、選手も少し刺激や緊張を与えて、溜めたものをバッと開放してやると120％の力が出るんです。開けっ放しだと炭酸が抜けて美味しくないように、締まりのない組織ではいけません。やるべきことはきちんとやる。でも、タイミングを見計らってフタを開けることが大切なんです。そんなことを意識して指導しています。

山本：なるほど、分かりやすいですよね。さらに面白い名前だとすぐに覚えられるじゃないですか。そういう目標設定をすれば子どももたちももっと楽しくできると思うんです。ストイックな目標を否定しているわけではないのですが、心に残る、ポジティブなネーミングのほうが前向きに取り組めると思います。目標設定の秘訣はありますか？

原：やはり「妄想」と「目標」は違うということを選手に自覚させることが大事です。妄想はあくまで夢物語なんですよ。目標を設定するためには、まず事実をきちんと把握することが重要です。事実と真実は違うと思います。事実は皆にとって１つですが、真実は４人いれば４つあるんです。

その学生にとっての事実、陸上だったら14分という事実があって、その半歩先の

13分50秒という目標を設定するように常に心がけています。

山本：少し背伸びすれば届きそうな目標ですね。

原：そうです。届きそうな目標をクリアすると、人間は成長します。そうやって少しずつスモールステップでクリアした先に、妄想だったものがいつの間にか目標に変わっているんです。事実は事実としていったんきちんと把握しなければなりません。でもその一方でやはり大きな夢を描くと、不思議とそこに近づいていくものだと思うのです。

山本：僕も生徒たちに「どんな人生を送りたいのか」を考える「学びのミライ地図」というものを描いてもらい、そこから具体的な目標設定を行っていきます。そこで、目標に照らして自分自身をメタ認知して、何ができて、何ができないかを書き出していきます。そして、「できない」を「できる」に変えていく手段を決めていくわけです。中学生では、学び方が分からないことも多いので、教員が「学び方」を教え、解決策のバリエーションを増やしていくことも必要です。

最近だと大谷翔平選手が高校時代に目標達成シートを書いていたことが話題にな

りましたよね。そうすると、先生たちが真似をして生徒に書かせるんです。でも、目標設定の意味が子どもたちに伝わっていないと、どんなに素晴らしいシートでも書きません。そうなると「書きなさい」と言って、先生がチェックするようになり、目標設定をすること自体が目的になってしまいます。

原：私も、「目標管理はあくまで手法の1つである」と言っています。

山本：青学の目標設定シートを参考にさせてください、と声をかけられることは多くないですか？

原：あります。ただ表面的に真似をしてもうまく行きません。他にも高校にスカウトに行くと、高校生から「1週間の練習メニューを教えてください」と聞かれることがあります。400メートルを何秒以内で何本、という形式はありますが、選手の能力によって取り組む内容は違うんですよ。「(トレーニングの）根っこの部分を教えるのに1時間かかるよ」と答えると「今日はいいです」と言われてしまいます（笑）。

指導者にしても同じです。ハウ・ツーばかりで、根っこの部分を聞いてくれません。自分の頭で考えていない気がします。

山本：そうですね。今はＡＩの教材が流行っていますが、それを生徒に渡せば魔法のように勉強ができるようになると勘違いしている教員もいます。でも、実際に生徒にタブレットを配ると、多くの場合は遊んでしまいます。本来「こうなりたい自分」に向かうためのいろいろな手段があり、そのうちの１つとしてＡＩによる学習法があるんです。手段はあくまで手段で、その根っこの部分にある目標達成までの道筋を理解しないと、うまく使うことはできません。

「異端」であり続ける力
自分軸を持ち、多様性を受け入れる

山本：原監督も僕も、陸上界や教育界において、異端な存在であるように思えます。大きな組織の中で自らの信念を貫く思考について教えていただけますか。

原：ブレずにやるしかないんですよ。自分のやり方が世のため人のため、そして子どもたちのためになると信じられるなら、その思いを貫き通すだけです。ただ、その信念に対して私利私欲がないことが大前提です。

私は21年間、夫婦で陸上部の寮に住んでいます。それは、現場が一番大切なことを夫婦ともども理解しているからです。一般的な大学の体育寮であれば、管理人が学生の行動に目を光らせていますが、うちの寮ではそんなことは一切ない。「ここはお前たちの家だから、楽に暮らせるようにする」と伝えて、点呼を取ったことはありません。ただ、それは「好き勝手に暮らしていい」という意味ではないんです。

山本：相手の立場に立って、自分をコントロールするスキルですね。「掃除しなさい」と子どもに注意して、掃除させることもできます。でも自ら「掃除をしたほうがいい」と思わせるきっかけが大事だと思います。例えば、教室にペットボトルが置きっぱなしになっていている場面で、ある生徒が「汚いのは嫌です。うちのクラスはゴミ屋敷だ。先生なんとかしてください」と相談に来たとします。昔の先生なら、「掃除をしろ！」と当番を厳しく叱ったかもしれません。でも僕は、「ペットボトルの空があったら、さっと片付けられる人と一緒に仕事したいな」と問いかけるんです。子どもたちは「お金を稼ぎたい」「成功したい」と漠然と思っています。でも、仕事でお金を稼ぐにも、成功するにも、「応援される人」にならないとダメですよね。「応援される人」の振る舞いってどんなものだろう、ということに気づいて、行動に変えてほしいと思っています。

原：ビシっと一回言ったら、子どもはビクッとなって動くかもしれませんけど、それは怒られるから、怖いからやっているだけです。今の山本先生のお話を聞くと、子どもたちの目線に立って、気づきを与えているのだと思いました。

山本：ありがとうございます。あと、最近よく相談されるのがゲームに熱中しすぎる子どもへの対応です。ゲームに熱中している子どもは、ゲームの中で非常に自律しているんです。やり方を友だちに聞いたり、攻略本を読んだり、動画を見たりして、自分で学びながらゲームをクリアしている。そんな子どもには、「同じことを勉強でもやってみればいい」とアドバイスします。「ゲームも勉強も同じだよ。ゲームで敵を倒せなければ友だちに聞くでしょ？　勉強も得意な友だちに聞けばいいんじゃない？　動画だってあるし、いろいろ試してみなよ」と。ゲームの中で自律しているのを価値づけてあげるんです。教え子の中には、社会課題の解決をゲームと同じような思考法でクリアできないかと考えている子もいます。いろいろな「好き」を価値づけてあげ、気づきにつなげることが大切だと思います。

原：なるほど、中高生に気づきを与えるには、さまざまな手法が必要なんですね。私はビジネスの経験を彼らの実体験につなげように心がけています。

山本：ビジネス書も役に立ちますよね。今は、本当に多様な社会なので、さまざまな働き方が生まれています。例えば、朝早く起きられない子に勤務開始時間が遅い会社やフレックス制やオンラインの働き方を伝えたり、コミュニケーションが苦手な子には、「チャットやメールだけで仕事をしている人にこの前に会ったよ」と話したりします。生徒自身が「どうせできない」と思い込まずありのままの自分を認めることが、まずスタート地点であるべきだなと思っています。

原：いろいろな職業やいろいろなやり方があるのに、「良い大学に行って勉強しないと、良い企業に入れんぞ」と私たちは先生に言われてきました。でも今は、多様な目標に向かって多様な方法を実践できる時代です。

山本：多様性は組織にも重要です。以前は、同じような考え方の先生たちが集まって学校を作ったら楽だなと思っていたことがあったんです。でも、後々それは非常に危険な思考だと気づきました。同質性の高い組織は、間違った方向にいきやすいですから。

異端なことをやると批判されることも多く、いら立ちを覚える時期もありました。でも世の中には多様な意見があり、自分と真逆な意見が自分の視野を広げてくれると感じるようになってから、意見は多様な方がいいと思うようになりました。原監督のお話をうかがっていると、誰の意見にも左右されない自分軸を持っていれば、どんな組織にいてもうまくやっていけると感じました。

原：そうですね。日本は「協調性」と「同調性」の言葉の定義についてもしっかりと教えるべきだと思います。私は「協調性がない奴だ」と幼い頃から言われ続けてきたので、ある時に思い立って、協調性の意味を調べてみました。そうしたら協調性とは「まず自分の意見を必ず伝え、多様な考えの中で最後は折り合いを付けて1つにまとめること」という趣旨のことが書かれていた。つまり、自分自身の主義・主張をきちんと言うことが大前提なんです。最後の折り合いをつける部分に関しては、若い頃の私は度を超えてしまっていたこともあったので反省すべきなんですけどね。

一方で、同調性は「自分の意見を何も言わず、なんとなくの空気感の中で、声の大きな人へ賛同していくこと」です。今の日本社会は、誰も意見を言わないから、同調性が強いですよね。

うちの部では21年間、話すことや提案することは、たとえトンチンカンに思えても、まずは認め合うということをし続けています。

時間がかかってもいい
未来を創る教育と指導のあり方

山本：これまで話してきたことを後進に伝えていくことについては、どんな取り組みをされていますか？

原：講演会に呼ばれることが多いんですが、そこで私の思考や手法はすべてオープンに話していますね。書籍でもテレビ番組に出演した際にも包み隠さず話しています。

初めて箱根駅伝で優勝した頃は、「たまたま勝ったくらいでテレビに出て」と陰口を叩かれたこともありました。でも、勝ち続けると私どもの方法が段々とスタンダードとなって、不思議と今ではこのメソッドのモノマネが増えました（笑）。

山本：勝負の世界では真似されるのは怖くないですか？

原：多少の怖さはありますよ。でも、同じメソッドであれば、先頭を走る我々が一番に課題にぶつかるんです。常に先に改善策を練っている。「王者」と呼ばれながらも学び続けなければいけない。立ち止まるわけにはいかないんです。

山本：先に進みつつ、失敗することも楽しめるような集団でありたいですよね。原監督に比べると微力ですが、僕も講演会や本を通じて「教えない授業」の考え方を発信しています。その中で、今の先生たちが陥りがちな「ハウ・ツー重視」の授業を否定しないように、考え方の部分の変化を強調しています。主語を「子ども」にして、学ぶ目的を「誰かに評価されるため」ではなく、子どもなりの「学ぶ目的」を作れるような思考に変えていけばいいんです。「先生がやらなければ」から「子どもがやる」へ思考を変えるだけで、授業も変わってくると思うんです。

原：我々がリーダーとして忘れちゃいけないことがあります。青学ではキリスト教の教育理念からサーバント型のリーダーシップの養成を目指しているんです。サーバントは直訳すると「寄り添う」ですが、ただ寄り添うだけじゃなく、最後はリーダーが方向性を決めていかないといけないと思うんです。「学ぶのは自分自身だ」という方向性を示さないと子どもの自律につながらないと思うんですね。

山本：僕が思うリーダーに求められる力は3つあって、1つ目は方向性を示す「目標設定力」。時代の潮流を読んで、倫理観や社会的責任に裏付けられた目標を設定する力です。さらに、原監督のようなワクワクする言葉を選べることも重要です。

次に「共感力（エンパシー）」。一人ひとりの強みを理解し、それを引き出し、組み合わせていく力です。目標に向かう中で、手法の対立を調整する基盤になります。

最後に「コーチングスキル」ですね。あえて「教えない」ことで、内発的動機を大切にする力です。

原：どれも必要な力ですね。でも、山本先生のように子どもに自己決定を委ねていく教育方針だと、結果が出るまで時間がかかるでしょ？

山本：かかりますね（笑）。『なぜ「教えない授業」が学力を伸ばすのか』という本を2016年に出版した時には、ほとんど共感されませんでした。「横着な教師だ」くらいに思われていたんです。風向きが変わったのが、コロナ禍ですね。学校で授業をすることができなくなり、プリントを各家庭に届ける先生までいました。オンラインで授業をしても、画面越しに遊んでいる子どももいれば、画面をオフにしてしまう子どももいて、先生たちは「教えること」の限界を感じていた。

原：先生というものは教えたがりなのでしょうね。でも、本当に大切なのは「教えること」ではなく、気づきを与えることです。学生も生徒も一人の人間ですから、他人が変えることはできません。あくまで、自分で自分を修正する気づきを与えるだけです。

山本：熱血教師が生徒を導いていく、という昔のドラマのような先生がいても良いと思います。ただ、多様な価値観に広く触れていくには、いろいろなタイプの先生がいた方がいいですよね。学校生活の中で、子どもたちがメンターになる先生や大人を見つけたり、対話をしながらやりたいことや自分なりの学び方を見つけたりする機会が大切だと思います。「〜しなさい」を言わない僕のような方法は、原監督のおっしゃる通り時間がかかります。子どもたちが変わるのに時間がかかるので、親も待てないんです。「先生、いつになったらうちの子はゲームを卒業できますか？」と。

原：やらしておけばいいじゃないですかね（笑）。それでも親は心配するものですよね。でも親も教師もその子の一生に最後まで付き合うことはできないわけですから、どこかで自分で判断することを待たなければいけません。

山本：「親御さんは苦しまなくていいんですよ。私が子どもの時は漫画に夢中でした。好きなことを卒業する必要はありませんし、やらされる勉強なんてしたくないものですよ」と伝えています。ゲームをすること自体が悪いのではなく、物事の優先順位をつけられないことが問題なのです。一緒にゲームをして、その良さを認めつつ、タイムマネジメントや自己コントロールを教えていくことが大切だと思います。

原：私は大学生の陸上チーム、山本先生は中学校や高校とフィールドは違いますが、たくさんの共通点がありましたね。結局目指しているのは「主体性を育てる」という点で一致しているんですね。これからの時代、正解が1つしかない時代は終わりました。だからこそ、結果だけにこだわるのではなく、そのプロセスを大切にし、一人ひとりが自分の軸を持ち、自ら選択し、行動していく力を育てていくことが求められます。それは教育でもスポーツでも同じことです。最後になりますが、子どもたちや選手たちにとって、一番大事なのは「諦めずに続けること」。どんな小さな一歩でも、その積み重ねが未来を切り開くと信じています。

山本：そうですね。原監督のお話を聞いて、青学の強さの秘密は主体性を育てる指導にあると感じました。分かりやすくポジティブな目標設定、メタ認知、そして専門家の助言を受けながら自己決定する力。これらは僕が授業で大切にしているものと同じです。

子どもも組織もそう簡単には変わりませんが、変化の芽は確実にあることを感じ、僕も元気になりました。これからも、原監督の主体性を育てる指導法に注目したいです。

原晋（はら・すすむ）

青山学院大学陸上競技部監督、青山学院大学地球社会共生学部教授。1967年広島県三原市生まれ。中学から陸上を始め、高校時代は主将として全国高校駅伝で準優勝。進学した中京大学では3年時に日本インカレ5000mで3位入賞。卒業後は中国電力陸上競技部1期生で入部。しかしケガが原因で満足な結果を残せず、5年で選手生活を終え、同社の営業部の会社員に。顕著な実績を上げて「伝説の営業マン」と呼ばれる。チーム育成10年計画のプレゼンを評価されて、2004年から青山学院大学陸上競技部監督に就任。着実に改革を進める。チームを高いレベルに引き上げた手腕には、ビジネス界からも熱い注目を浴びている。

対談日／2024年10月30日　構成／本多カツヒロ　撮影／小田駿一

第2章

「教えない授業」の先にある学校の未来

対談：工藤勇一（横浜創英中高アドバイザー・内閣府規制改革推進会議専門委員）

改革はトップダウンでは成功しない

2024年3月。これまで横浜創英中学・高等学校（以降、横浜創英）の学校改革をリードしてきた工藤勇一前校長が退任を発表し、多くの人が驚いたのではないでしょうか。事実、横浜創英では2025年度に大きなカリキュラム改編を予定しており、工藤さんはその旗振り役でもありました。突然の退任にも見えましたが、僕の中では、必然的な流れのようにも感じています。

2020年に工藤さんが横浜創英の校長に着任した時、僕は教育アドバイザーとして週1回程度横浜創英に出勤し、先生方のサポートをしていました。その時から、工藤さんは「改革は校長のトップダウンでは成功しない。先生全員が当事者意識を持たないと改革は進まない」ということをよくおっしゃっていました。工藤さんの学校改革は一見トップダウンのようにも見えますが、本質は先生一人ひとりが自己決定していく「当事者意識」を育てていくことにあります。

工藤校長在任中は、工藤さんの圧倒的な経験に基づく対応策に僕らは頼ることが多くありました。横浜創英での教員のスキルアップは一斉研修を重ねるのではなく、OJT（オン・ザ・ジョブ・トレーニング）で体験を通して習得していくことを重視しています。ですから、工藤さんの生徒支援や保護者対応に、OJTで教員が入ることで、工藤さんが何を目的にどんなセリフをどの順番で話していくかを学びます。それを自分でも実践することで、再現性を高めていくのが工藤流の人材育成のやり方です。

工藤さんはこのことについて、山本五十六の有名な名言、「やってみせ　言って聞かせて　させてみて　ほめてやらねば　人は動かじ」を引用してよく話してくださいました。「させてみて」と機会を与えるだけでは、人は育たない。与えた仕事がどんな目的を実現するべきものなのか。どんな課題があるのか。それを解決するためには、どんなことが必要となるのか、など。その人に応じた、適切な「言って聞かせて」が必要だということです。

工藤さんとのOJTで僕もたくさんの経験を積み、たくさんのスキルを得ることができました。任されることも増えてくる中で、論理的に言語化できるようにもなってきたのですが、いくら経験しても工藤さんに追いつけるという感じがしません。ですから、最後に頼ってしまうことも多く、その助言の的確さに圧倒されます。多分、他の教員も同じように感じているのではないかと思います。

工藤勇一という存在があまりにも大きく、影響力があるがため、僕ら教員が真の当事者としてひとり立ちできないのではないか。僕は決して工藤勇一にはなれない、僕は僕として当事者意識を持って学校改革に当たらなければならない。いつしかそう思うようになってきました。ですから、僕の中で、工藤さんの校長退任は、横浜創英の教員が真の当事者になるために、いつか来る必然だったと捉えています。

横浜創英は工藤さんの退任後、先生方一人ひとりの当事者意識は強くなったと感じます。それぞれが任されることも多くなったため、より主体的に動く姿が見られるようになりました。それでも、相談したいことがあった時には、これまでと変わらず力になっていただいている工藤さんの存在は僕らにとって変わらず大切なものです。先生方一人ひとりが当事者意識を持ち、主体的に学校改革に関わっていく姿こそが学校改革を自走させていく原動力になるのです。

先生たちが自走するための制度改革

工藤さんの校長退任後、僕らがＯＪＴで学んだことを持続可能なものにするために組織改編が行われました。生徒支援部（多くの学校では生徒指導部と呼ばれている分掌です）から教育相談の部門を切り離し、新たに生徒支援協議会という分掌を立ち上げました。

この分掌のメンバーは部長に加えて、中1～高3までの学年主任・スクールカウンセラー・生徒支援コーディネーター・養護教諭・管理職で構成されます。月に2回行われる会議では、全学年の生徒の出席状況や持ち込まれた相談、発生したトラブルなどの議題ごとに、学校としてどのように支援ができるかが話し合われます。

生徒支援協議会の議長を務める生徒支援コーディネーターの相賀亮一先生は、工藤校長からＯＪＴで多くのスキルを学び、また、ご自身でも生徒対応や教育関係の法規などを意欲的に学んでいるミドルリーダー的な存在です。

この会議では、彼が中心となって中高といった校種や学年、クラスという枠にとらわれず、すべての生徒の中から、支援が必要な生徒について話し合っていきます。さまざまな先生が工藤さんから学んだことをここでもＯＪＴで自然に広げていきます。

また、構成メンバーに学年主任と管理職がいるので、自分の学年からすべての学年の生徒に視野が広がり、学校が今どのような状態にあるのかを俯瞰できるようになったことも大きな成果です。さらに、管理職が会議に入ることで、支援が必要な内容や生徒・保護者に対して、担任や学年の枠を超えて、学校としての意思決定がなされることも支援を円滑に進める鍵となっています。

その中で、横浜創英の生徒支援で大切にしている「トラブルを生徒の自律に変える」ための支援方法をそれぞれの先生が持っている知識やスキルを活用して話し合います。ですから、必要な支援は必ずしも担当学年の先生だけがするのではなく、時に高校の教員が、中学生の支援に入ることも珍しくなくなりました。既に中学で取り入れている「チーム担任制」を学年や校種を超えて行っているようなイメージで、生徒一人ひとりをすべての先生で育てていく体制が整ってきたと言えます。

このような制度改革は、横浜創英が進めてきた「働き方改革」の重要なポイントです。医療現場のように、それぞれの先生が持つスキルをうまく組み合わせて持続可能なものにしていく。そのための制度改革をすることで、先生方が問題を1人で抱え込まずより自走しやすい環境になったと感じています。

学校を作っていくのは、生徒たちである

ここで、横浜創英の学校改革について少し紹介させてください。

工藤さんが横浜創英に校長として在任した4年間は、学校改革の目的を次のように話していました。

「個人としての主体性と社会の一員としての当事者意識を持ち、『自ら考え、行動できる人材の育成』を行っていくこと」

このために学校は生徒が学びたいように学べる環境を用意し、学びを社会につなげていくカリキュラムを作っていくことが学校改革の軸になりました。「学校を可能な限り社会とつながっていく実学の場」にするためのポイントとして工藤さんは次の2つを挙げました。

①学校運営を生徒に委ねる(生徒エージェンシーの育成)
②学習活動を生徒に委ねる(学習者主体への転換)

①の「学校運営を生徒に委ねる」例として、横浜創英では校則をいったんゼロにしました。多様性の広がる社会を考えると、学校だけでしか通用しないルールの多くは、生徒個人の人権侵害につながる懸念があります。髪型や服装などは、会う人

の価値観や場面などを考えて「何がふさわしいか」を自分で判断できることが重要です。自分の行動を校則で縛るのではなく、他者との関わりの中で、目的に応じて自ら判断し行動する経験は社会でも活かせるはずです。

また、修学旅行の行き先も生徒に委ねました。生徒自身でプランを作り、旅行業者と交渉しながら計画を立てていきます。教員の引率数の関係などから行き先を6カ所程度に絞る対話や、実際の行程などの運営もすべて生徒主体で行います。内容は、北海道のスキーや大阪のUSJといったレジャーに加え、アートや地域活性化について学べる瀬戸内海・直島のコースが加わるなど、多様性に富んでいます。

先日は、生徒会のメンバーがあるコンビニエンスストアの開発本部の方とどのような自動販売機を入れると昼休みや放課後が過ごしやすくなるかの対話をしていました。

このように、学校を作っていくのは、教育委員会でも校長でも先生でもなく自分たち自身であるという感覚を自然に育てていきたいと考えています。

②の「学習活動を生徒に委ねる」については、各教科の代表から成る「学び方改

革プロジェクトチーム」を発足させ、まずはカリキュラム作りを整備しました。ゆくゆくは横浜創英の全生徒が一人ひとりの目標に応じて学び方を選べるカリキュラムにしたいと考えています。これを実現するために高校では自由選択科目を大幅に拡大し、生徒が大学のように学びたいことを選択していく仕組みができました。

次は授業のあり方の改革です。工藤さんはよく「今の学校教育は総合的な学習（探究）の時間で探究型学習のアクセルを踏んでいるが、それは10％程度のもので、残りの90％は相変わらず一斉教授型の授業で探究型への移行にブレーキをかけている」と指摘し、授業内容を生徒主体に変えていくことの重要性を強調しています。こうした観点を踏まえ、授業改革については以下の3点を軸にしました。

①画一的な教育から脱却して個を軸とした学び方への転換
②実社会とつながる実学を軸とした学び方への転換
③課題解決力を会得するための探究型を軸とした学び方への転換

つまり、生徒主体の学習の個別最適化と探究的なプロジェクト学習で協働性を高めながら、生徒の学びを社会につなげていくことが授業に求められるのです。学び方改革プロジェクトチームでは現在、具体的な授業方法の議論に移ってきています。知識の伝達を目的とした授業は行わず、生徒が学び方を身につけ、自律的に学んでいけるような授業のあり方や、テスト・評価の方法を各教科で具体化しています。これにより、従来の授業やテストの概念は、受動的に「やらされるもの」から、主体的に「自ら取り組むもの」へと大きく変わるでしょう。

「学び方改革」を支える「働き方改革」

生徒主体の学び方改革を進める中で、1つの障害になるのが教員のマインドです。読者の皆さんの授業のイメージはどうでしょうか？「勉強は先生が教えるもの」「授業規律を整えるのは先生の役目」「知識がなければ探究学習はできない」といった思い込みはないでしょうか。教員にもこういったマインドから、授業改革を躊躇してしまうことが多々見られます。

こういった教員のマインドを変えるために、工藤さんと、本間朋弘現校長（当時副校長）が学び方改革に先駆けて行ったのが「働き方改革」です。工藤さんは、教員の仕事そのものの負担を減らすとともに、生産性を上げることが「学び方改革」について考える時間を生み出すと考え、「働き方改革」を重視しました。

工藤さんは横浜創英に赴任した年に以下のような方針を示しました。

「働き方改革については、制度改革、環境整備、風土作りの3点を重点項目として進めていく。制度改革については、労働時間の適正化や組織改編、会議改革など。環境整備については、ＩＣＴ（情報通信技術）を活用した業務改善や施設の充実、職員室などの環境改善などを進める。また、教職員が当事者意識を持って働き方の課題に取り組むとともに、教職員全体で課題を解決していく風土を構築していく」

そして、学び方改革と同様に「先進的働き方推進プロジェクトチーム」が発足しました。

工藤さんと本間さんが中心となり、先進的働き方推進プロジェクトチームで進めた「働き方改革プラン」は、次の４つの重点戦略と14の具体的項目からなります。

戦略① 学校業務の適正化

1　ＩＣＴを活用した業務改善

2　電話以外の家庭との連絡ツールの設定

3　勤務時間外の留守番電話の設定

4　部活動の時間削減と休養日の徹底

戦略② 業務体制の再編

5　中学校チーム担任制の導入

6　分掌や委員会組織の再編

7　会議の精査と精選

8　全員出勤日を週2日とする業務体制の構築

戦略③　働きやすい環境の整備

9　家庭と仕事の両立支援

10　副業の容認

11　職員室レイアウトの改善

12　勤怠システムの導入

戦略④　勤務時間の適正化

13　完全週休2日制を獲得するためのシフト制導入

14　1日当たりの労働時間の適正化

これらの項目を一つひとつ実現させながら働き方の改善を行いました。大切なのは、働き方改革そのものが目的ではないということです。働き方改革で生み出された時間を、学び方改革の実現に向けたカリキュラム作りや授業改善に充てていくことが目的です。つまり、働き方改革は新しい学校像を作るための手段なのです。

実際、横浜創英の職員会議は15分程度で終わり、共有・合意事項がない日は会議そのものが流れることもあります。その分、職員室では対話が増え、新しいことを考える余裕が生まれています。今年度はせっかくできた時間で先生同士の対話を大切にする研修を始めました。

こういった会議や研修も退勤時間の16時30分には終わるので、習い事を始めたり、買い物に行ったり、あるいはゆっくりお茶を飲んでから帰宅したりといったゆとりも生まれています。

工藤さんが僕に教えてくれたこと

工藤さんが僕に教えてくれたことは数え切れないくらいあります。その一部をこれからの対談で紹介させていただきますが、多くのものは日常の何気ない時間でのやり取りから生まれたものです。

僕と工藤さんの家は、電車1駅分ほどの頑張れば歩いていける距離にあります。そのため、退勤時にはたびたび、工藤さんが運転する車に同乗することがありました。

ある日、「山本さん、今の学校って、風呂桶の水を上から叩いて波を起こしているように見えないかい」という話がありました。どういうことかというと、問題が起きたら、押さえて潰して、その分また別の問題が起き、また押さえて潰す。風呂桶の水面のように、常に問題が起きて、何度も叩いて波を大きくしている例えです。

今の学校は、学力低下という波が生まれたら、その波を押さえ、いじめという波が生まれたらその波を押さえる。次から次へと問題が発生し、それを収めることを教育委員会や保護者、社会から要求されます。それが積み重なって、それをなんとかしようとさまざまな手段が膨れ上がり、先生たちは疲弊します。

もしかしたら、波のいくつかは問題ではないかもしれません。例えば、髪の毛の色を染めることは本当に問題でしょうか。学力の向上や人間性の成長に何か影響があるのでしょうか。しかし、「髪の毛の色を染めるのは問題だ」と言った瞬間にそれは問題になります。「問題は作られる」という言葉も工藤さんから教わったものです。

次から次へと問題を見つけ、解決しようと躍起になる。そのうち本来大切にしなければならない、教育本来の目的を見失ってしまう。それが、手段の目的化です。

工藤さんから教わったことは実はシンプルで、「何のための教育か」という最上位の問いとその実現に向けた手段を選択していくという考え方です。今も迷った時は、横浜創英の最上位の建学の精神「考えて行動のできる人」に戻ります。これまでより、工藤さんとの関わりは少なくなりましたが、工藤さんが教えてくれたことを、OJTで多くの先生方につないでいくことを僕の役割として肝に銘じています。

対談

子どもたちに主体性を取り戻す「学び方改革」

千代田区立麹町中学校や横浜創英中学・高等学校などで、日本の教育改革の先頭を走ってきた工藤勇一さん。今の学校教育で失われていく子どもたちの「主体性」を取り戻すことが必要だと強く主張します。それを実現するために、これからの学校に求められる役割とは何なのか。工藤先生と学校改革を進めてきたからこそ語れる、改革の秘訣とは。

日本の教育が変わると実感した「教えない授業」との出会い

山本：こうして工藤さんとじっくり対談するのは初めてですね。同じイベントに登壇して話す機会はありますが。

工藤：何だか照れくさい感じもしますね。今日はよろしくお願いします。

山本：工藤さんとは、学校改革の先にある学校の未来像についてお話ししていきたいと思います。振り返ってみると、僕が工藤さんと初めてお話ししたのは、僕の以前の所属校で授業を見学してもらった時でした。

工藤：私から山本さんに連絡を取って会いに行ったんですよね。ある人から「英語科で面白い授業をしている教員がいる」と紹介されて知ったのが山本さんでした。実際に授業を見学し、これまでに見たことがない進め方を目の当たりにして驚いたのを覚えています。いわゆる基本構文などをまったく教えず、ずっと子どもたちが英語で会話して学び合っている。「これなら子どもたちは、一方的に先生の話を聞いている一斉授業を受ける時のように暇にならないな」と感じました。

山本：そもそも校長自らが、英語科の教員を伴うわけでもなく自分自身の意思で授業を見に来るということ自体、僕には初めての経験でした。

工藤：私にとっては普通のアクションなんですけどね。山本さんの授業を見て、頭の中にあったパズルが少し解けた気がしたんですよ。私はずっと一斉教授型の授業の限界を感じていて、自律型が必要だと思いながら模索し続けていた。「子どもだけで学ぶ方法がある」という確信を持つようになったのは山本さんに会ってからです。同じことをすべての教科でやれば、きっと日本の教育は変わると。

山本：僕が展開する「教えない授業」に対してこんなふうに興味を持ってもらえたことも初めての経験でした。それまで勤めていた学校では僕の取り組みが全体に広がることはなかったし、僕自身、広げようという意識もなかったんです。だから大きなターニングポイントとなる出来事でした。その後は工藤さんが当時校長を務めていた千代田区立麹町中学校（以降、麹町中学校）の教員が、3日間ほど朝から晩まで僕に張り付いて授業の進め方を見てくれましたよね。

工藤：はい。山本さんの授業を徹底的に見てほしいと声をかけて送り出しました。

山本：それから、麹町中学校の一部の教科では「生徒自らが学ぶアクティブ・ラーニングの授業」と「教員が教える授業」に分かれ、生徒が好きな方を選択できるようになったと聞きました。この考え方は、現在の横浜創英の教育改革のヒントにもなっています。

幼児期から奪われ始める子どもの主体性

山本：僕はこれまで授業改革が教育改革の中で一番困難だと思っていました。工藤さんに出会って、授業を変えるには学校経営の視点が必要だと気づかされました。授業は教育活動の中心となるものですが、それだけ見ていてはダメで、学校全体を俯瞰しながら、多くの要素と関係し合いながら変化していくもので、これまでの僕は単なる授業実践家に過ぎなかったなと。

工藤：確かに授業を変えるには授業以外の要素が重要です。授業を子どもたちの自律を育てるものにするには、トラブル対応のスキルやカウンセラーなどの教育相談体制の充実が重要です。さらには、授業を変えていくことで教員の働き方が良くなっていくことも大切な視点です。私も授業改革は困難だと思っています。ただその解決の大きなヒントをくれたのは山本さんであり、横浜創英の改革の流れに乗れば必ず成功すると確信しています。

山本：さまざまな要素を子どもの自律を育てることに向けているので、横浜創英ではすべての教科での取り組みに広がっているのですね。2022年度からカリキュラムの専門家である本間校長（当時は副校長）とタッグを組んで、20名ほどの先生方と「学び方改革プロジェクトチーム」をスタートさせました。

工藤：はい。横浜創英の生徒たちが、一人ひとり学び方を選択することを通して自律を育てるカリキュラム作りを目指してきました。困難なパズルのピースを一つずつ埋めていく中で、大切にしてきたのは、子どもたちに学びの選択権を与えることです。

教員は１人で１２０人の子どもに授業をすることもあれば、１対１で教えることもある。あるいは、全国にいる優秀な講師の動画を見ながら黙々と学べる部屋も作る。こうした選択肢を提示して、子どもたちが自ら学び方を選べるようにしたいんです。

山本：単に学び方を改革するだけではなく、教員にとっては働き方改革にもつながっていることが大切ですね。今までの日本の学校の授業は、教員が頑張って準備して、子どもたちに興味を持ってもらおうと努めてきました。その結果としてどんどん労働時間が長くなっていった。でも子ど

工藤勇一さん（左）からのバトンをつなぎたいと語る著者（右）

もたちが自分で学び方を選ぶようになれば、教員のやるべきことは教科の専門性を高め、子どもたちが自律して学ぶことへの支援です。一方的に「教える」ための準備が少なくなるので、労働時間は大幅に削減されるし、教科の専門性があれば、初任の教員でも問題なく対応できるのではないでしょうか。

工藤：子どもたちが自ら学び方を選ぶようになることで、時間的な負担はもちろんのこと、教員のメンタルの負担も大きく軽減されるはずです。これまでの日本の教育は真逆でした。ひたすら子どもたちに手をかけ、学びたくないと思っている子どもにも無理やり学びを与えようとしてきたんです。

山本：だから教員に過度な負荷が生じてしまうと。

工藤：はい。子どもは本来、主体性を持って生まれてくるのに、幼稚園や小学校、中学校と経ていく中でどんどん主体性を失ってしまう。だから子どもたちにはリハビリが必要です。

山本：幼稚園で既に主体性を奪われ始めるのですか？

工藤：はい。例えば、公園の砂場では、親が「友だちにシャベルを貸してあげたら？」と自分の子に促します。借りた子の親は「ありがとうね。ほら○○ちゃん、ありがとうは？」といった感じです。

山本：なるほど、よく見かける光景ですね。こうなると、問題を解決するのは自分ではなく、周りの大人だと感じるようになりますね。

工藤：子どもの主体性、この砂場の例で言えば、他者と円滑にコミュニケーションを図ったりトラブルを乗り越えたりするための「当事者意識」を育てるためには、幼児教育から変えなければなりません。人のシャベルを勝手に取ってしまえばトラブルも起きますが、泣くことによって自尊感情が芽生えますし、次の日には「貸して」「いや」「なんで？」「返してくれないから」という会話も生まれる。これは大事な社会性の学びですよね。

この体験をしている子どもたちは、対立を解決するために利害に注目し、感情をコントロールできるようになります。でも、大人が手を貸して解決し続けた子どもたちは、大人が警察官になり裁判所になってほしいと要求する。うまくいかないと、「あいつをどこかへやってくれ」「お母さん、あの子意地悪だからなんとかして！」

となる。これでは当事者として多様性を受け入れる社会は作れません。

山本：なるほど、では主体性を失ってしまった中学生、高校生を学校はどう育てればいいのでしょうか？

工藤：主体性を取り戻すためにさまざまな制約を取り去り、学校での過ごし方を自由に選べるようにする必要があります。例えば、横浜創英の中学校の英語で取り組んでいるように、学び方を選べるようにするのは素晴らしいアイデアで、全国の学校のモデルになると思います。

山本：そうですね、授業を生徒主体にするには、「自分で考えて、自分で選択し、行動する」ことを取り入れなければならないと思います。

横浜創英の英語の授業では中1から中3までが同じ時間帯に英語の授業があり、学年やクラスの枠を飛び越えて学ぶことができます。具体的には教室を学び方で分け、「先生が教える部屋」「友達とコミュニケーションしながら学ぶ部屋」「ＡＩ教材などを使って個で学ぶ部屋」「プログラミングを通して英語を学ぶ部屋」「英会話を企業から学ぶ部屋」などです。

工藤：この方法を導入した当初は、全体の3分の1くらいの生徒がゲームなどで遊んでいましたよね。主体性を奪われた子どもたちは、最初は適切な選択ができません。だから放任するだけではうまくいかない。そこで大人がかけるべきなのは「どうしたの？」「君はどうしたいの？」「何か手伝えることはある？」という3つの言葉です。

山本：この3つの問いかけは、横浜創英でも多くの教員が実践するようになりましたね。問いかけることで子どもたちが自律的に考えるようになる。その変化も目の当たりにしてきました。特に「どうしたい」の問いかけが大切だと思います。授業でもその教科を学ぶ目的ができて、初めて主体性が生まれるものです。

工藤：「どうしたい？」の問いかけや、周りの友達が学び始めるのを見たりすることで、自分の行動を変え始めますよね。当初サボっていた生徒も2カ月くらいで10人くらいに減り、半年も経つと数名にまで減りましたね。生徒たちは学ぶ目的を意識し始めたのでしょう。

山本：多くの授業は目的を失ってしまっていて、生徒たちも「授業は受けるもの」「テストがあるから学ぶ」といった意識で受動的に授業を受けているのではないでしょうか。そうすると、先生の教え方などサービスを求めるようになります。

工藤：そうですね、ですから最終的に人のせいにしなくなる時が、子どもたちが主体性を取り戻せた時だと言えます。一斉教授型の授業を続けていると、どんなに主体性を取り戻そうとしてもどこかでブレーキを踏ませてしまう。やるなら本気で、全教科を主体的に学べるように変えなければいけません。

横浜創英ではスマホやゲームなどに支配されず、これらをコントロールするのは自分自身だと教えます。スマホを無理やり取り上げたりはしません。ただ一つ、「他人の学びの機会を妨げてはいけない」というルールだけを定めています。この環境のもと、一人ひとりの子どもたちに自分で考え、判断する経験を積んでもらっています。

改革を進めるなら「正反対の考えの人」がいたほうが良い

山本：工藤さんは改革を進める中でよく「リスキーな方向にシフトしないように気をつけよう」と僕たち教員に語りかけていますよね。この言葉の真意を改めてお聞かせください。

工藤：何かを改革しようとすると、人はつい気心の知れた近しい人だけを集めて物事をスムーズに進められるイケイケのチームを作ってしまいがちです。しかしその進め方では、組織内の一般的な考え方とは乖離が生じてしまうかもしれない。この「リスク」を避けるためには、自分とは最も考え方が離れた立場の人をチームに引き入れることが大切。組織や物事のあり方を変えるために、遠回りをするべき時もあるんです。

山本：思い返せば、僕が『なぜ「教えない授業」が学力を伸ばすのか』（日経BP）を執筆した時も、考え方が真逆の教員が学年にいたからこそ、自分の理念が分かりやすい言葉になったんだと思います。その時、自分の意見に反対する人というより、異なった意見を持った人と対話するという感覚が生まれました。

工藤：私自身、プロジェクトを立ち上げる際には必ず自分とは正反対の考えの人を入れていますから。

山本：以前の僕には、新しい学校を作ろうと思うなら気心の知れた仲間を集めるべきだと考えていた時期もありました。でも今はそうは思いません。考え方の違う相手とも最上位の目的のところで握手することから始めれば、その下にある手段の議論でブレることがないからです。むしろ気心の知れていない、正反対の人がいたほうが、多様な意見をプロジェクトに反映することができてラッキーなのかもしれません。

最上位の目標といえば、工藤さんの優先順位は常に「子どもたちのため」という一点からブレないですよね。

工藤：物事を判断する際の優先順位はいつも子どもたちが一番、次に保護者、そして教員ですね。もちろん私は子どもも保護者も教員もすべてを救いたいと思っていますが、状況によってすべてを救えない時には、絶対にこの優先順位をブラさないようにしています。

山本：現実には、この優先順位が明確になっていない学校も多いのかもしれません。

工藤：そんな状況に陥っている時には、立ち戻るべき場所があることが大事なのだと思います。そのために重要な役割を果たすのが言葉。教員を続けていると、つい学校ファーストで動いてしまっていることに気づいて悩むこともあるでしょう。そんな時には「最上位の優先順位は何だろう？」と問いかけ合うべきです。

どんな状況でも、子どもたちを守れるなら、子どもたちのためになるのなら、まずはOK。その次に保護者の心情に応えるために動き、そして教員も新たな学びを得られるようにする。この優先順位に従って考えれば、判断に迷うことはないはずです。

「向き合うな。横に立て」

山本：子どもたちに選択権を与え、それぞれが当事者になると、子どもたちの間に潜んでいたトラブルの種が見えやすくなる側面もあります。そんな場面で僕は、工藤さんの「トラブル対応のスキル」が多くの教員の自信につながっていると実感します。

トラブルがその生徒の自律への学びに変わり、教員との関係も良くなります。保護者も教員を信頼するようになり、感謝が生まれます。こういったトラブルを解決するスキルを持てばトラブルが怖くなくなり、教員のメンタルがさらに

安定していく。子どもたちの主体性とトラブル対応のスキルは、働き方改革とも一体になって「学び方改革」を支えているのだと改めて感じました。

工藤：すべてがつながっていますよね。トラブル対応もそうだし、授業も支援方法もそう。昔ながらの日本の学校教育では、それらを教員の属人的な職人技で乗り越えてきた部分がありました。うまい授業も職人技だし、トラブル対応も特定の教員の人間性が発揮される職人技だった。だけど私が持っているトラブル対応のスキルは、属人的なものではなく誰でも実践できるものです。

山本：僕も工藤校長の対応を間近で見て、とても論理的で再現性の高いスキルだと実感しています。トラブルの過程ごとに、教員はどんなセリフを発するべきか。そうしたスキルが体系化されていて、確かに誰でも実践可能だと感じましたね。

工藤：山本さんも参加した麹町中学校での「脳科学を活用した教育環境及び指導方法の研究」で私の経験を論理的、科学的に紐づけていきました。

山本：これらのスキルは一斉に研修を通して頭で理解するより、ＯＪＴで経験を通して体で覚えていくのがいいと思いました。僕も工藤さんの保護者対応に同席し、学んだことを実際に自分で実践する時に複数の教員と一緒に行います。

工藤：横浜創英の教員はＯＪＴをベースにスキルを広げていますね。自分の目で見て、自分でやってみて身に付くスキルは一生ものです。

山本：特にトラブル対応の優先順位は全国の先生に伝えたいです。一番優先すべきことは、「生徒本人の自律への学びにすること」。次に「教員とその生徒の関係が良くなること」。そして、「保護者の学びに変えること」「保護者と教員の関係が良くなること」。この順番が大事で、最初の2つは絶対達成しようという意識で慎重にセリフを選んでいくことを教員間で話し合っています。

工藤：これは優れたカウンセラーの技術に似ているのかもしれません。相手の状況を読み解き、適切なセリフを投げかけて本人の中にある答えを引き出していくんです。決して「自分が直してあげる」わけではありません。本当に優れた教員やカウンセラーとは、相手が本来持っているはずの幸せを感じる力を掘り起こしていく人を指すのではないでしょうか。

しかし、特に若手の教員の場合は、子どもの悩みに親身に向き合っていくうちに一緒に潰れていってしまうこともあります。子どもにとって本来はそこまで大きな悩みではなかったのに、教員が親身になり過ぎたことで、かえって悩みを大きくしてしまうことも。

山本：工藤さんはよく「向き合うな。横に立て」とアドバイスしていますよね。答えを子どもに教えるのではなく、その子自身が解決できるように支援することが大切なのだと。

工藤：はい。優れたカウンセラーの場合は、「私が今、話を聞かないほうがいいかもしれない」とあえて突き放すこともあるんですよ。

技術のない教員は子どもたちを救えない

工藤：例えば、学校内で生徒同士がケンカになってしまったとしましょう。結論から言えば、トラブルを解決するのは子ども同士であるべきです。どうしても子ども同士で解決できなければ保護者が間に入らなければいけないかもしれませんが、いずれにしても教員の仕事は、起きてしまったトラブルを子ども同士の学びにつなげていくことでしょう。

しかし多くの教員はこうした事態にあたふたしてしまい、「保護者からのクレームに発展するかも」「学校の管理責任が問われてしまうかも」と及び腰になってしまう。本当に大切なのは、子どもの自律的な学びのために大人は何ができるかを保護者と一緒に考え、そのために必要な情報や考え方を伝えることですよね。

山本：これが「横に立つ」ということですね。しっかりと相手に伝える技術を教員みんなが実践できるようになり、実際に現在の横浜創英では、教員だけでトラブルを解決できるケースが増えました。一般的に考えると後を引いてしまいそうなトラブルでも、最後は保護者に感謝してもらえるようにもなりました。

工藤：教育の世界では、こうしたスキルや技術を避けてきた面があるのかもしれません。背景には熱血学園ドラマなどの影響もあるでしょう。しかし、教員として子どもたちにどれだけ愛情を持っていても、子どもたちの学びにつなげる技術を持っていなければ意味がないんです。どれだけ熱い思いを持っていても、専門知識や技術のない外科医は人の命を救えません。それは教員も同じです。

山本：専門性がなければ子どもたちを救うことができない。

工藤：はい。だから私たち教員は高い専門性を磨き続け、自信を持たなければいけません。例えば私は不登校の子どもの保護者にも「絶対に心配ありません」と言い切ります。だけど専門性や技術がない教員はそこまで言えません。

山本：新学期に保護者を前にして「私に任せてください」と言い切れない新任教員も多いのではないでしょうか。

工藤：これが一般企業だったらどうでしょうか。セールスに来ているのに自社製品のことを何も知らないようでは、若手であろうとベテランであろうと顧客からの信頼を得ることはできませんよね。教員の場合は正直であること、謙虚であることを美徳のように捉える人も多いのですが、それは保護者にとっては何の意味もないと思うんです。「心配ありません」ときちんと言えることが大事。もし自分が若手で技能が足りないと感じるなら、専門性を持つ先輩に力を借りればいいだけの話です。

子どもたち自身のアイデアで問題を解決することに挑んでほしい

工藤：ただ、こんなふうに偉そうなことを言っている私自身も、若い頃はスキルや技術が追いつかずに空回りしたこともあったんですよね。野球部の顧問をしていた頃には、子どもたちについ怒鳴り声を張り上げてしまったこともありました。

山本：工藤さんが子どもたちに怒鳴り声を。それは意外ですね。工藤さんの話を聞いていると、それこそ子ども時代から今に通じる軸を持っていたのではないかとも感じます。

工藤：どうでしょうか。子どもの頃は目立つことが嫌いで、学級委員なんて立候補したこともありませんでしたけどね。

山本：そういえば以前、横浜創英の子どもたちに、工藤さんの小学校時代の通知表を公開したことがありましたよね。

工藤：全校集会で自分の通知表の所見欄を見せました。小学校時代は「字が極端に下手」「机の中が乱雑」などと書かれていたんです。今にして思えば「当時の先生はすごいことを書くなぁ」と感じますが（笑）。子どもたちにはこの通知表を踏まえて、「だから人なんて、どう変わるか分からないよ」と語りかけました。中学生や高校生は1年で大きく変化する。60歳を超えた私の1年間には大した変化はないかもしれないけど、君たちの1年間は人生の中でも特別な時期なんだよ、と。

山本：僕はずっと勉強や学校生活に苦手意識を持つ子どもをフォローしてきたつもりですが、「今は変化できる時期なのだ」という言葉は伝えられていなかったので、これも大きな学びになりました。改めて、工藤さんはこれからの学校の未来像をどのように描いていますか？

工藤：どんな子どもも主体的に学べるようにすること。多様性の中で対立が起きることを前提に民主的な対話のあり方を学んでいくこと。そして、社会の問題を解決するために自分が何をすべきか、リアルな学びを得られるようにすること。それがこれからの学校に求められる役割だと信じています。山本さんが中心になって動いてもらっている「学びの選択権の提示」はその第一歩。今後は学校運営そのものの裁量をさらに子どもたちに委ね、子どもたち自身のアイデアで世の中の問題を解決することに挑んでほしいと思っています。

工藤勇一（くどう・ゆういち）

1960年山形県生まれ。東京理科大学理学部応用数学科卒。山形県・東京都の公立中学校教諭、新宿区教育委員会指導課長、内閣府規制改革推進会議専門委員等を歴任。千代田区立麹町中学校校長、私立横浜創英中学・高校校長では学校改革を実践。現在、内閣官房 教育再生実行会議委員、FC今治高等学校里山校 エグゼクティブコーチ、東明館学園教育アドバイザー等多数の教育関連機関に関わる。著書に『「目的思考」で学びが変わる 千代田区立麹町中学校長・工藤勇一の挑戦』（ウェッジ）等多数。

撮影／小田駿一

第3章

どんな子どもも取り残さない学校作り

対談：木村泰子（大阪市立大空小学校初代校長）

映画「みんなの学校」が教えてくれたこと

僕にとって、木村泰子さんは大尊敬する先輩教師の一人であり、いつお会いしても敵わないと感じます。そんな木村さんは、僕に会うと僕のことを「崇雄さん」と呼び、「私のことは泰子さんで」と気さくな笑顔で言います。ですから、大先輩ではあるのですが、尊敬の念を込めて「泰子さん」とお呼びすることにします。

僕が泰子さんを知ったきっかけは、映画「みんなの学校」でした。映画は、泰子さんが初代校長を務めた大阪市立大空小学校（以降、大空小学校）を舞台に、さまざまな問題を抱える子どもたちが誰一人取り残されることなく、ともに学ぶ姿を描いています。虐待や貧困、発達障害など、困難な状況にある子どもたちがともに学び、成長していく過程を描いたこの作品は、僕に深い感銘を与えました。

映画の中で特に印象的だったのは、教員たちが「すべての子どもたちが主役になれる学校」を目指している点です。ここでは、どんな子どももクラスの一員として受け入れられ、全員がともに学び、成長していく姿が描かれています。これは、僕が「教えない授業」で大切にしている「すべての子どもたちが互いの可能性を尊重し合い、主体的に学べる場をつくる」という理念と深く共鳴するものでした。

この映画では、教員が子どもたちに一方的に指導するのではなく、子どもたち自身が問題を考え、解決策を見つける力を育てるためのサポートが行われています。これこそが、僕が日々の授業で目指している「子どもたちの主体的な学びを促すアプローチ」と重なる部分です。

さらに、映画を通じて感じたのは、すべての子どもたちがともに学び合う環境の大切さです。大空小学校では、さまざまな問題を抱える子どもたちが一緒に学ぶことで、互いに助け合い、支え合う関係が自然に築かれていました。こうした環境は、異なる背景や能力を持つ子どもたちがともに学び、多様な価値観を理解し、受け入れる力を養うのに不可欠です。

また、映画は、教員自身も子どもたちとともに学びながら成長していく姿を描いています。教員が子どもたちと一緒に学び続ける姿勢は、教育が単なる知識の伝達ではなく、ともに生きる力を育む場であることを示しています。子どもたちとともに学ぶことで、教員としての成長を続けることができるのです。

子どもたちとともに学ぶという意識が低い教員は「この子はこういう子だ」と思い込み、決めつけてしまうことがよくあります。例えば、「A君は悪気があってやったわけではない」「本当はそんなことをするような子じゃない」「A君のお母さんは学校に批判的だ」――。職員室でこういった会話が交わされることがあります。このような場面で必要なのが「ファクトチェック」です。その情報が事実なのか、あるいは意見なのかを見極めることが大切です。

「A君は悪気があってやったわけではない」という発言を聞いた時、鵜呑みにするのではなく、その情報が本人から直接聞き取った事実に基づいているのか、あるいはその教員の印象による意見なのかを確認する必要があります。もしそれが印象に基づく意見であるならば、A君に誤ったレッテルを貼ることになりかねません。

映画「みんなの学校」は、すべての子どもたちの事実を受け入れ、すべての子どもたちがともに学ぶことの価値を再確認させてくれる作品です。「教えない授業」

の実践を続ける僕の心に共鳴し、子どもたちが自らの力で未来を切り開くために、どのような教育が必要かを考え続ける力を与えてくれました。すべての子どもたちが安心して学べる環境を提供し、彼らの可能性を最大限に引き出すことこそ、教育者としての使命であると改めて感じています。

学校教育における無意識の排除とDE&Iの重要性

現在、企業ではDE&Iの重要性が広く注目されています。DE&Iとは、多様性（Diversity）、公平性（Equity）、包摂性（Inclusion）を指し、多様化する社会において「誰も取り残さない」視点を持つために欠かせない考え方です。しかし、学校は残念ながら、DE&Iが十分に実現されている場とはいえません。

述べてきた通り、泰子さんの実践は、まさにDE&Iの理念を体現したものです。

この後の対談では、「廊下は右側を歩きましょう」という校内掲示がどのような影響をもたらすのかについて議論が行われました。この掲示の「目的」と、それに伴う「無意識の排除」が焦点となり、「特定の子どもたちが取り残される可能性があるのではないか」という視点が共有されました。皆さんは、この「右側を歩く」というルールについてどのように感じるでしょうか？　また、私たちは無意識のうちに誰かを排除してしまっていることに気づいているでしょうか？

群馬大学情報学部の高井ゆと里准教授によると、「ある基準を当然と受け入れることで無意識に人を排除する現象」は、「構造的排除」と呼ばれます。社会が特定の人間像を基準とすることで、その枠から外れた人々が見えにくくなり、結果として排除の構造が生まれるのです。例えば、「廊下は右側を歩きましょう」という掲示は、漢字が読めない子どもや左右の区別が難しい子どもにとっては自然に行動しにくいものです。また、この掲示の「右側を歩く」という手段が、本来の目的である「人とぶつからずに歩く」を覆い隠し、意図せず排除を生み出している可能性があります。

この視点で学校現場を見直すと、多くの「構造的排除」が存在していることに気づきます。例えば、一斉教授型の授業では、すべての子どもが同じペースで学ぶことが前提となっており、学力や学び方の違いに応じた配慮が難しい状況です。その結果、授業のペースに合わない子どもたちは、たとえ「教室から出ていけ」と言われなくても、無意識のうちに学びから疎外され、やがて学校生活全体にも居心地の悪さを感じる可能性があります。

さらに、テスト中心の評価方法も「構造的排除」の一例です。テストの点数だけを基準とする評価は、認知能力以外の力、例えば協調性、忍耐力、思考力などが見過ごされることがあります。子どもたちを評価する際には、テストで測りきれない力にも目を向け、広い視点からその成長を支えることが重要です。

また、物理的な排除も見逃せません。例えば、学校のトイレは、多様な性自認を持つ子どもたちにとって利用しづらい場合が多いです。LGBTQ＋の子どもたちが安心して使えるトイレを設置することは急務であり、性別にとらわれないトイレ環境を整えることも、子どもたちの学びやすい環境づくりの一環です。

これからの学校教育を考える上で、私たちは過去に見過ごされてきた排除の仕組みを見直し、DE&Iの視点を取り入れた改革を進める必要があります。この改革によって、すべての子どもたちが自身の可能性を最大限に発揮できる、インクルーシブな学校環境が実現するでしょう。

子どもも大人も、失敗したら「やり直し」すればいい

泰子さんは、僕に「崇雄さん、それはやり方が違うと思うで」「本当は、子どもを信じきれてないんとちゃう?」と率直にダメ出しをしてくれる数少ない存在です。教員生活が長くなると、若手から頼られることも増え、自分の実践を客観的に見つめることが難しくなることがあります。そんな時、泰子さんと対話をすると、違っていることは違うとはっきり言ってくれます。そして「大丈夫、私も何度もやり直

したから。崇雄さんもやり直せばいい」と笑顔で背中を押してくれるのです。映画「みんなの学校」でも「やり直し」という言葉がたびたび出てきます。校長室を「やり直しの部屋」と呼び、子どもたちが泰子さんと対話しながら「やり直し」をしていくのです。子どもたちが泰子さんと対等に対話し、「やり直し」ができるのは、泰子さん自身が「やり直し」をする姿を見せているからです。

大空小学校の開校当初、泰子さんは「良い学校にしよう」と意気込んでいました。しかし、ある始業式で、転入してきた6年生の男の子が舞台で叫び、講堂中を駆け回るという出来事がありました。泰子さんはその瞬間、「この子さえいなければ、良い学校がつくれるのに」と考えたそうです。しかしその後、問題を起こし続ける彼が、倒れた女性教員を助ける姿を目の当たりにし、「この子さえいなければ」と思ったことを悔い、「やり直し」を決意したのです。泰子さんは全校朝会でこの出来事を正直に話し、校長自ら「やり直し」第1号となりました。これにより、失敗してもやり直せばいいという空気が学校全体に広がったといいます。

「教えない授業」では、子どもたちが思うように学べないことがありますが、そんな時こそ、失敗を恐れず、目標に向けて自己修正し、次の選択につなげることが重要です。失敗に対する考え方をポジティブに変えることが、子どもたちが主体的に自己決定をする土台となるのです。

子どもが自分らしく、自分の言葉で語れる授業

これまで、僕が勤務していた新渡戸文化学園や横浜創英中学・高等学校で、泰子さんと一緒に授業を作ってきました。その中で、泰子さんが必ず子どもたちに投げかける言葉があります。それは、「自分の言葉で語ってください」というメッセージです。正解のない問いに向かう時、自分の答えは自分の中にしかありません。それを伝えるためには、自分の言葉が必要なのです。

泰子さんは、授業の中で「『普通』って何?　『普通』っていう言葉を使わないで

説明して」と問いかけます。「間違いはないからね。大丈夫。自分の言葉で」と笑顔で子どもたちの背中を後押しします。

するると、少しずつ子どもたちが手を挙げ始めます。一つひとつに大きく頷きながら、対話が進んでいきます。「先生たちはどう？　保護者の方で意見はありますか？」と、僕たち大人にも対話のチャンスを広げてくれます。そして「大人の意見も面白いね」と、そこにいるすべての人が学びの当事者となっていきます。

泰子さんは、この授業のポイントについて、「誰一人同じことを考える人はいないのだと、授業の中で常に先生が語ることです。みんな違っていることが当たり前だということを意図的に語るのです。誰の言葉も否定せず、『どうしてそう思うのか教えて？』と問いかければ、対話が成立していきます」と教えてくれました。意見が違うからこそ、多様な考えが広がり、考えが深まっていく。このことを経験させるためには、授業での問いかけの機会を増やすことが大切です。

ここで重要なのが「エンパシー（共感）」の力です。シンパシー（同情）は相手の感情を共有し、自分なりの解釈でその感情に寄り添うことですが、エンパシーはそれを一歩進めて「相手の気持ちを自分の感情として感じるのではなく、相手の立場に立って考える」こと。異なる意見に対して、その人の立場に立ち、なぜそのように考えるのかを理解しようとすることで、感情的に反発することなく、建設的な対話を続けることができます。

すべての保護者はすべての子どもの「サポーター」

泰子さんは、学校における最も重要な目標として「すべての子どもの学習権を保障する」ことを掲げています。この目標を達成するためには、教職員だけでなく保護者の協力も不可欠です。学校に関わるすべてのステークホルダー（関係者）で目標を共有し、合意を形成することが重要なのです。

その第一歩として泰子さんが大切にしているのが入学式です。入学式は、保護者、地域の人々、そして教職員が一堂に会する年に一度の貴重な機会であり、ここでのコミュニケーションが、その後の学校生活における協力関係を築く鍵となります。

入学式で泰子さんが特に強調するポイントは2つ。まず第一に、「すべての保護者がすべての子どもの『サポーター』になる」ということです。親としては、自分の子ども以外の子どもたちとどのように関わるべきか迷うことがあるかもしれませんが、「サポーター」という呼び方をすることで、保護者が学校に足を運び、自分の子どもだけでなく、他のすべての子どもたちに対しても自然に関わることができるような雰囲気を作り出しています。

次に、泰子さんが伝えるのは「一切の文句は受け付けない」というメッセージです。ここで言う「文句」とは、単なる不満や愚痴のことを指します。泰子さんは保護者に対して、不満を言うのではなく、建設的な「意見」を持つことを求めています。大人が文句を言い続ける姿を子どもたちが見れば、子どもたちも同じように文句ばかり言うようになってしまうからです。

しかし、大人が問題に対して前向きな意見を持ち、それに基づいて行動する姿を示せば、子どもたちもまた、意見を持ち、自ら行動するようになります。保護者や地域社会が学校に積極的に関与し、さまざまなアプローチが行われることで、子どもたちにとっての多様な学びの場が生まれるのです。

このことを「教えない授業」に当てはめると、知識を教えるだけの専門家以上に、子どもたちの成長を見守る多様な大人たちの存在が重要だということになります。そのため、授業の支援者として、保護者や地域社会の方々、さらには教育に関心のあるすべての人々を学校に招き入れ、子どもたちの学びをともに見守る機会を設けることが大切です。横浜創英では、探究の時間や英語の授業を支援するボランティアを募集し、学びの場を学校外にも広げています。支援といっても、専門的な助言ではなく、子どもたちの学びに共感し、ともに驚き、問いかけながら、温かく見守る役割です。生徒たちは、先生以外の大人に認められることで、自らの学びに自信を深めていきます。こうして学校を地域に開かれた場とし、教育の「サポーター」を広げることで、子どもたちの学びの環境をより豊かなものにすることができるのです。

泰子さんのこうした取り組みは、すべてのステークホルダーが対等な立場で協力し合うことで、子どもたちの成長と学びを最大限に引き出すための土台となります。

子どもの命を守るために、今こそ行動を

泰子さんの講演は何度も拝聴していますが、毎回内容がブラッシュアップされ、教育の本質をさまざまな観点から考えさせられます。最近、僕が泰子さんの言葉から特に感じるのは、子どもの「自死」に対する危機感です。

子ども家庭庁によると、小中高生の自殺者数は増加傾向にあり、2024年には527人と過去最多を記録しています（暫定値）。この数字を前に、泰子さんは「子どもの命を守らないで、いい教育なんて語れない」と強調しています。この言葉は、僕の胸に深く響き、揺るぎない覚悟へつながっています。

大空小学校には、不登校や発達障害といったレッテルを貼られた子どもが9年間で50人以上転校してきたといいます。これまでの学校では通えなかったけれど、大

空小学校には毎日通う子どもたちが「空気が違う」と感じるのです。前の学校は「刑務所」や「牢屋」のようだったと子どもたちは表現します。この事実を、僕たちは受け止めなければなりません。

「みんなと一緒でなければならない」「みんなと違うことは間違っている」「自分はダメなのかもしれない」――。こうした思いが子どもたちを不幸にし、自死に追い込んでいるのです。泰子さんは「今こそ、誰一人取り残すことのない学校作りを問い直し、行動に移す時です」と強く訴えています。どんなに素晴らしい教育理念を掲げていても、子どもたちが不幸になり、自死が生まれては意味がありません。今、教育現場で何よりも大切なことは、子どもの命を守ることです。議論を超えて行動するのは僕たち一人ひとりの責任。これからの社会を作るために、僕たちは今、動き出さなければなりません。泰子さんと話していると、そう強く背中を押される思いになります。

対談

すべての子どもに学びの場を

「みんなの学校」は単なるキャッチコピーではありません。子どもたちだけではなく、教員や保護者、地域の人々も一緒になって学び合い、失敗したらやり直す。そんな大空小学校を作り上げた泰子さんの根底にはどんな思いがあるのでしょうか。いつも刺激的な言葉をもらえる泰子さんとの対話をお届けします。誰も取り残すことなく、子どもたち一人ひとりを大切にする学校作りについて、一緒に考えていきましょう。

「1つの問いかけ」で救われた子ども時代

山本：泰子さんには、以前にも横浜創英や新渡戸文化学園の子どもたちのために授業をしていただきました。その時もそうだったのですが、僕と話す時も必ず「今日は一緒に学ばせていただきます」とおっしゃりますよね。僕たちの世代や、もっと若い世代の教員や子どもたちにも常に対等に接していただき、僕もいつも心強く思っています。

木村：ありがとうございます。みんなそう言ってくれはるけど、私は日本中の先生たちや子どもたちのことを、ともに未来を考える仲間だと思っているんですよ。

山本：まさに泰子さんには対等なコミュニケーションの視点がいつもあるんですよね。今回の対談では、誰も取り残さない「みんなの学校」を日本中で実現していくにはどうすればいいのか、じっくりうかがえればと思っています。まずは泰子さんのキャリアの原点についてお聞きしたいのですが、泰子さん自身はどんな子どもだったたんですか？

木村：小学校の6年間、「学校って楽しいな」と思ったことは一度もありませんでした。学校の先生って、子どもをいじめるためにいるんじゃないかと思っていたくらい。だから私は先生になりたいなんて、ただの一度も思ったことがなかったんですよ。

山本：それはとても意外です。なぜ学校を楽しいと思えなかったんですか？

木村：理由はいくつかありますが、強く記憶に残っているのは大嫌いなプールの授業があったことです。私は運動全般が大好きで、運動会のかけっこなどはいつも1位。鉄棒は目が回るくらいくるくる回るし、跳び箱も「もっと高い段を用意して！」と思っているような子どもでした。でもそんな私なのに、水だけはどうしても苦手でプールに入れなかったんですよ。

山本：そうだったんですか。僕は水泳は嫌いじゃなかったですけど、学校では先生の言う通りにしかできないのであまり好きな時間ではなかったですね。泰子さんはプールの時間はどうしていたんですか？

木村：小学校の間はずっと、プールの授業の時だけ「耳が痛い！」なんて言って仮病を使って休んでいましたね。でもその学校は、今にして思えば体育の指定校になっていて、6年生になると「全員が25メートルを泳げるようになる」という目標が掲げられたんです。

山本：子どもたち全員に一律で目標達成が求められるようになったんですね。

木村：はい。私だけはどうしてもプールに入りたがらないので、先生たちも困っていたんでしょうね。家までやってきて「小杉（泰子さんの旧姓）は体育が得意なんだから、プールに入れば絶対泳げるようになる！」と言われ、母のことも説得し、私は水着を着せられて無理やりプールに連れていかれたんです。崇雄さんは、水が本当に怖い子どもの気持ちって分かりますか？

山本：当事者の気持ちを想像することはできても完全に理解できているとは言えませんね。

木村：その立場になってみないと分からないことがありますよね。先生たちに無理やりプールに放り込まれたものの、水が怖くて怖くて仕方がない私は、プールを飛び出して水着のまま走って家に逃げ帰りました。その姿をばっちり見られていたから、後日「泰子ちゃんは水を滴らせながら走っていた」と近所中の噂になってしまって

（笑）。

山本： そんな行動を取るくらい、子ども時代の泰子さんにとっては恐ろしい体験だったんですね。

木村： まさしく。そうやって必死で逃げ帰ったものの先生たちが追いかけてきて、私はまたプールに連れ戻されました。でも今度は少し違ったんです。1人の先生が「小杉はなんで水が怖いんだ？」と聞いてくれました。「水に顔をつけるのが怖い」と答えると、「それなら顔に水がつかないように絶対に守ってあげるから、安心してプールに入ってごらん」と言うんですね。そうして私と一緒にプールに入り、私の首をつかんで一緒に歩くような姿勢で「上を見てごらん、ゆっくり足を動かして歩いてごらん」と声をかけ続けてくれました。何とか25メートル進んだら、「よし！これで25メートルだから、小杉はもう二度とプールに入らなくていいよ」と。

山本： なるほど。「どうして水が怖いの？」と問いかけてくれる先生がいたことで、泰子さんは一歩を踏み出すことができたんですね。「水が怖いんだね」という問いではシンパシー（同情）で不十分。そこから相手の立場に立ってみるエンパシー（共感）

な問いを意識することが大切ですね。

木村：はい。私たち教員がやるべき子どもたちの問いかけは、まさにこれだと思うんですよね。「あなたは何が怖いの？」「何が嫌なの？」という問いかけ。私とまったく同じではないけれど、学校には日々の暮らしの中で本当に困っている子どもたちがいます。大空小学校の校長を務めている時には、授業中に教室を飛び出していく子どもから「先生は、椅子に座っていたら死んでしまうと思う気持ちが分かる？」と聞かれたことがありました。そこで私は「分からへんから教えて」とお願いしました。するとその子は「椅子に座ると息ができない気がする。だから床に座ったり教室を出て行ったりする」と。この時に私は、自分の子ども時代のプールのことを思い出したんです。１つの問いかけで私を救ってくれた先生のことも。

「子どもを理解する」という教師の傲慢さ

木村：その先生とは普段の授業などでの接点はなく、あの日のたった数分の関わりだけでした。でも先生が教えてくれたことは後の私の人生を大きく変えたんです。中学校に進んだ私は、なんと水泳部に入ることになって。

山本：あれほど水が苦手だったのに水泳部へ？

木村：面白いでしょう。私は先生が教えてくれた「顔をつけない泳ぎ方」を知っているから、中学校に入ってからはプールが怖くなくなったんです。私のスタイルは、常に上を向いて進む背泳ぎでした。これなら水に顔をつけなくていいから（笑）。当時はスイミングスクールなどなく、子どもたちはクロールと平泳ぎしか知りません。そんな中で背泳ぎをしている私を見て、水泳部の顧問の先生が「すごい子がいる！」と興奮して声をかけてきたんですよ。

山本：まさかの熱烈スカウトが待っていたんですね（笑）。

木村：私は驚きましたが、あれよあれよという間に水泳部に入ることになって、中学校2年の時には近畿地区の大会に出場するまでになりました。大の苦手だった水泳が、その後は私の得意分野になってしまったんですよね。最終的に大学時代には水泳で全国6位まで進みました。すべてのきっかけはあの先生だったんです。

山本：教員の関わり方一つで、子どもの人生にここまで大きな影響を与えるんですね。改めて身の引き締まる思いがします。考えてみれば、教員は子どもの光っている部分にはよく注目しますが、陰になっている部分にはあまり目を向けられていないのかもしれません。

木村：そう、子どもの見えやすい部分は誰にでも分かるでしょう。私で言えば運動が得意だったから、その部分はどの先生も理解していたはず。でも水が怖くて仕方がない私のことはなかなか理解してもらえませんでした。これまでの日本の学校教育において、教員には子どもを理解することが求められてきましたよね。でも、「子どもを理解する」って本当にできるでしょうか。私自身には2人の娘がいますが、正直に言って娘たちのことも完全には理解できていませんよ。他人の子どものことまで100パーセント理解できる教員がいるとしたら、それは神か仏の領域に達しているのかもしれませんよ。

山本：僕は自分のことでさえ分からなくなることがあります（笑）。それなのに教育現場では、教員が他人である子どもをあたかも理解しているように振る舞ってしまうことがよくありますよね。美化したり、レッテルを貼ったり……。

木村：これって傲慢だと思いませんか？　大空小学校では、校長や教員などの肩書きを外し、保護者や地域の方々も交えて、それぞれが1人の大人として子どもと接していました。若い教員がある子どものことを、さも分かったかのように「あの子はこうで、ああで……」と話している時にも、他の大人が「でもあの子は家ではこうなんだよね」とツッコむわけです。こうしたやり取りをしていると、教員も子どものことを分かったつもりになっている自分に気づく。そして子どもに対して「分からないから教えて」と素直に言えるようになるんです。

教育実習で体感した1970年の「教えない授業」

木村：崇雄さんの「教えない授業」は、とてもインパクトの強い言葉だと思います。私にとって「教えない授業」は何の違和感もなく入ってくる言葉でしたが、崇雄さんが初めて本を出した時には、日本の教育現場にまだまだ古い考えの人がたくさんいたはず。崇雄さん自身は教えない授業を受けて体感したことがあったんですか？

山本：いいえ、僕は子ども時代から従来型の教える授業しか受けたことはありませんでした。

木村：それなのに、なぜ教えない授業の概念にたどり着いたんでしょうか。

山本：きっかけは東日本大震災でした。震災によって先生とのつながりを失い、孤立している子どもたちがいると知った時に、子どもたち自身が学び合うことが必要だと考えたんです。加えて、非常時に一人ひとりの教員にできることは限られているとも感じましたね。だからこそ子どもたち自身が自律的に学ぶ力を身に付けるべきだと思っています。

木村：私自身は20歳の時に、その考えに触れることができたんです。教育実習で2週間だけ、教えない授業を受けたことがあるんですよ。

山本：教育実習ですか？

木村：はい。私が教育実習を受けた１９７０年当時は、教員がどれだけ子どもたちに正しい知識をインプットし、ペーパーテストで正確にアウトプットさせるかばかりを考えていました。そんな時代に、私が教育実習で配属された小学校では衝撃的な授業が行われていました。正確には私に付いてくださった5年2組の担任の先生が衝撃的だったんです。

その先生の授業は変わっていて、最初に黒板にその日の課題を書いた後は、ほとんど何も発話しません。先生が課題を書いた瞬間に子どもたちがわーっと話し始め、課題について一緒に考えます。たまに分からないことがあれば「先生、先生」と声をかける。そして授業が終わりの時間にさしかかると先生が「そろそろまとめに入ろうか」と声をかけ、子どもたちがその日の学びをまとめて終わるんです。

山本：すごい。1970年当時にそんな授業を実践する先生がいたんですね。

木村：その小学校で教えない授業を体感したことは本当に大きな経験でした。だけど私自身は何も教えてもらえないんですよ。その5年2組の担任の先生は2週間、私に何一つ教えてくれませんでした。周りの教育実習生と担当教員は一緒に指導案を作るなどしていて、「いいなあ」と思いながら見ていたものです。

山本：泰子さんに対しても「教えない」を徹底されていたんですね（笑）。

木村：それでも研究授業をしなければいけない私は、勇気を持って先生に「指導案についいて相談させてください」と言いに行きました。すると先生は「指導案？ そんなものはいらないよ」「次の時間が算数なので、さっそく授業を担当してもらいましょうか。今日の課題はこれです」と。課題さえ明確になっていれば授業はできるだろうと言うんです。そんな日々が続いて、自分はこの教室にいてええんやろか……と悩み、悶々として給食もろくに食べられなかったのを覚えています。それでも自分が何をすべきかを必死で考え、ノートに日々の授業記録をまとめ続けていました。

山本：僕も同じ立場の教育実習生だったら、悶々としていただろうと思います。

木村：そんな2週間が終わりを迎えるタイミングでその学校の教頭先生に私だけが呼ばれ、「あなたは世界一幸せな実習生だ」と言われました。「あなたが配属された5年2組の先生は教育の神様なんだよ」と。でも当時の私は何も教えてくれないその先生を恨んだし、「あかん、この学校は教頭まで変な人や！」なんて思っていたんですよね（笑）。だけど、5年2組の教室にはとても意欲的に、自らで学びを得ようとする子どもたちの笑顔があったことは事実です。このクラスで目撃した子どもたちの姿を自分が実現するにはどうすればいいのか、その後の教員人生を通してずっと考え続けることになりました。

「右側通行」のポスターが子どもの考える力を奪う

木村：そういえば、その先生の道徳の授業も強烈でしたね。これは現役の先生たちにとっても大いに参考になるかもしれません。

山本：ぜひ詳しく知りたいです。

木村：授業開始のチャイムが鳴って先生が入ってきても、子どもたちの机には何もありません。先生は無言でたくさんのわら半紙を取り出し、それを折って、びりびりとちぎって、教卓の上に紙吹雪の山を作っていきます。それを子どもたちはじっと見ている。次に先生がその紙吹雪を手に持って子どもたちに向けてぶわっと吹きかけると、床中が紙だらけになります。そこで先生は初めて「みんなで掃除してくれる？」と発話。そうすると子どもたちが一斉にほうきやちりとりを取りに行き、ものの1～2分で教室はきれいになりました。そして先生は二言目に「ありがとう」、そして三言目に「どうして掃除の時間は今のようにきれいにできないんでしょう？」と問いかけるんです。たったこれだけ。

山本：なるほど……。考えるきっかけを与える問いですね。「教えない授業」は子どもが自分で考えて、決めて、行動する授業ですから、考えるきっかけを作ることは大切ですね。

木村：掃除の時間なんて、子どもたちはどうしてもサボりがちですよね。でもその授業が終わった後は、みんなちゃんと仕事をするようになるんですよ。「この授業なら私でもできる！」と思って、教室に入るところから真似しました。だけどなかなか同じようにはいきません。無言で教室に入り、紙を折り始めると、子どもたちが次々と「先生、何してるん？」と声をかけてくるんです。

山本：普通はそうなりますよね。

木村：あれ、これは予定にないぞ？ と思いながら紙を破り始めたら「先生、何で紙を破るん？」。それでも我慢して無言で紙吹雪を作り、ふわっと撒いて「掃除してくれる？」と発話したら、「自分で撒いたんやから先生が掃除しいな！」って。

山本：僕が子どもだったらそう言うと思います（笑）。

木村：その時に初めて、私が目撃した道徳の授業との違いを考え、授業というものを見つめ直すようになりました。教えない授業とは、教員がやり方を変えるだけでは実現しないのではないか。学び方を一人ひとりの子どもたちがきちっと獲得していることがベースになければ成立しないのではないかと。学び方も獲得できず、ただ一方的に教えられ続けている子どもは幸せに学べませんよね。

山本：強く共感します。学び方を手に入れるという点では子どもたちを誰一人取り残したくないですね。それと主体性ですね。子どもたちは誰しもが本来、「知りたい」「学びたい」といった主体性を持っているはず。でもいろいろな学校現場を見ていると、掲示物一つとっても、取り残す子どもを生んでしまい主体性を奪っていることが多いのではと感じます。

木村：それは私も大いに感じますよ。講演などでさまざまな学校にお招きいただきますが、廊下に「右側を歩こう」というポスターが貼ってある光景を本当にたくさん目にします。これが大きな問題。この掲示物がある背景には「この学校の子どもたちはみんな右と左の違いが分かる」という前提があるからです。

山本：右と左の違いが分からない子どもを取り残してしまっている可能性があるわけですね。

木村：はい。私が知っている重度の知的障害がある子どもは、右と左の認識がありません。だけどその子は自分の意思を持っていて、自分なりに思いを表現できます。しかし「右側を歩こう」というルールが存在していると、その子は支援担当の力を借りて右側を歩かされることになる。誰かを取り残すか取り残さないかという以前に、「すべての子どもができること」を最上位の目標にすべきではないでしょうか？良い姿勢で座りましょう、黙々と掃除しましょう、手を挙げてから発言しましょう……。それらの教えがすべての子どもができることならいいのですが、実際はそうではありません。校内では右側を歩くという、70年以上も前から脈々と受け継いできた文化がどれだけの子どもを排除してきたか。それを問い直さなければいけないと思っています。

山本：無意識な排除が起きないようにするために大空小学校ではどのようにしていたのでしょうか？

木村：「廊下は人とぶつからないように歩きましょう」。これだけです。大空小学校でも、開校当初は「右側を歩きなさい！」と口酸っぱく言っている教員がいました。でもなんで右側なの？ と問い直したら、「他の子どもとぶつからないようにするためです」と返ってくる。それが目的なら、どこを歩いていてもぶつからないようにお互いが気をつければいいだけですよね。学校のルールも「廊下はぶつからないように」だけにすれば、相手が左側を歩いてくれれば自分は右側を歩けばいいと判断できます。すべての子どもが自分で考えて行動すればいいんです。大空小学校にはいろいろな子どもがいますが、9年間、廊下や階段でのケガはゼロでした。

たかが「右側」という指示かもしれない。でもこうしたルールを問い直し、変えていくことで、必然的にすべての子どもが本来の力を取り戻していくはずです。

山本：なるほど、そう考えると学校では無意識の排除がたくさんありそうです。他にも一斉教授型の授業や宿題、テスト、学校行事、さらにはトイレなどの物理的な観点からも、無意識に排除してしまうことがたくさんあります。DE&I、つまりダイバーシティ（多様性）、エクイティ（公平性）、インクルージョン（包括）の視点で学校を見直すことが大切ですね。

学校に「普通」を置いてはいけない

木村：教員が日頃何気なく発している言葉も、子どもたちの本来の力を奪っているかもしれません。例えば子どもが授業中に「先生、トイレに行ってもいいですか？」と聞いてくることがありますよね。そんな時、教員はどう答えているでしょうか。

山本：まさか「ダメです」とは言わないと思いますが……。

木村：そんな現場もあるかもしれませんよ。最悪なのは「どうして休み時間に行っておかないの！」と叱ったり、「もうちょっとでチャイムが鳴るんだから待ちなさい」と諭したりすること。こんな教員がまだまだいるのも事実です。

若い教員が参加するセミナーでこのお題について考えた時、ある教員は「今度から休み時間にちゃんと行っておきなさい」、他の教員は「いいよ、行きたい時はいつでも言ってね」と答えると話していました。一見すると後者の教員が良い人のように思えるかもしれませんが、そもそも子どもがトイレに行くかどうかを、なぜ教員が許可するんでしょう？　そんなに教員は偉いんでしょうか？

山本：確かに、こうした部分から考え直していかないと、自ら考える子どもなんて育たないのかもしれません。

木村：私自身は、トイレに行っていいかどうかを聞かれたら「あなたがトイレに行っていいかどうかをなんで私に聞くの？」と答えます。すると子どもは「だって勝手に行ったら怒られるから」と。これが子どもたちの先生に対する見方なんですよね。だけど人間なら、いつトイレに行きたくなるかなんて分からない。だから「トイレに行ってきます」と言って１人で行動すればいいだけの話なんです。それを子どもたちみんなで確かめ合えば、他の行動も少しずつ自律していくのではないでしょうか。

主体的な学びとは何なのか。そうした大きなテーマについて考えることも大切ですが、その前に、子どもたちが過ごしている学校の環境はどうなっているのかを考えるべき。指導の前に環境を変えるべきなんです。

山本：その通りだと思います。しかし現実には、中学・高校と進んでいく中で学校は試験の結果や進学率といった指標ばかりを重視するようになり、どんどん子どもを排除してしまうようになるのかもしれません。泰子さんは職員室の中でも、教員同士で敬称を付けることなくフラットに会話して、これまで普通だと思われていたことを見直していきましたよね。

木村：大空小学校の教職員みんなで合意形成し、最も大切にしていたことがあります。私は校長という立場でしたが、校長である前に教員だし、教員である前に社会人だし、1人の大人だし、1人の人間。その1人の人間として子どもと向き合わなければ、教員にも校長にもなれないのだと全員で共有していました。

それからは「普通」という言葉を使わなくなりましたね。学校には「普通」を置いておいてはいけません。普通があるから、その向こうに特別が生まれるんです。私たちはまず、勇気を持って今の学校にある普通を捨てることに取り組むべきではないでしょうか。私たちの何よりの仕事は、子どもと子どもをつないでいくことなんですから。

木村泰子（きむら・やすこ）

「みんながつくる　みんなの学校」を合い言葉に、すべての子どもを多方面から見つめ、先生たちのチーム力で「すべての子どもの学習権を保障する学校をつくる」ことに情熱を注いできた。地域の人々の協力を得て教職員と子どもとともに学び、育ち合う教育を具現化した。2015年春、45年間続けた教職を退職。以降は全国で講演活動を行う。

第4章

「自ら学ぶ子」を育てる先生の役割

対談：苫野一徳（熊本大学大学院教育学研究科准教授）

100年前から指摘されていた現代の教育の問題点

僕が「教えない授業」を始めたのは、2011年のことです。その頃、教育界ではアクティブ・ラーニングという生徒主体の授業方法が注目され始めていました。僕の授業もその一環と見なされることが多く、授業見学や取材の依頼が増えていきました。そんな中、ある研究会で出会ったのが教育哲学者の苫野一徳さんでした。彼の講演は、教育における本質的な問いに迫るもので、非常にリズミカルかつ説得力がありました。

その講演の中で、苫野さんが「20世紀に活躍した哲学者ジョン・デューイは、子どもには『知りたい』『作りたい』『コミュニケーションしたい』『表現したい』という4つの本能的欲求がある。しかし、これらは学校で徐々に奪われていくと述べています」と話した瞬間、僕は驚きを隠せませんでした。デューイが１００年以上も前に、現代の教育の問題点を既に指摘していたことに衝撃を受けたのです。

大学時代に教職課程でデューイについて学んでいたものの、当時はその深い意味を十分に理解していなかったと感じました。しかし、教育実践を積み重ねてきた今、この言葉が心に強く響きます。そして、「教えない授業」を実践していた僕にとって、教育の基礎となる教育原理を深く理解することの重要性を改めて認識することになりました。その後、僕は苫野さんにさまざまな相談を持ちかけるようになり、彼は僕の教育実践を学問的に裏付けてくれる心強い存在となりました。

「好き」を伸ばせば他も伸びる「風呂敷理論」

デューイは、教育において子どもの本能的な欲求を尊重し、それを抑え込むのではなく、積極的に活かすべきだと主張しました。彼は、探究学習の重要性を強調し、その考えは現代の教育においても大きな影響を与えています。

僕がカリキュラム開発を支援した新渡戸文化学園では、中学・高校で毎週水曜日を探究に充てる時間割を導入しました。この時間は、生徒たちが自分の「好き」に徹底的に向き合う時間です。ここでは、教師は知識を一斉に教えたり、やり方を指示したりしません。まさに「教えない授業」を実践する日なのです。

「好き」にとことん向き合うことにこだわったのは、ある心臓外科医の講演がきっかけでした。その医師は、特異な症例の心臓手術の第一人者でありながら、他の一般的な手術技術も向上させていると話していました。これを聞いて、勉強も同じように、好きなことを伸ばすことで他の力も伸びるに違いないと感じました。生徒が好きなことを伸ばすと、一見関係のないように見える他の能力も自然と伸びていくというのです。この考えを僕は「風呂敷理論」と名付けました。

この「風呂敷理論」に対して、苫野さんはデューイの一番弟子であるウィリアム・ヒアド・キルパトリックが提唱した「付随的反応（Incidental Reaction）」という概念が近いと教えてくれました。

これは、学習者がある活動を行う際に、意図的な目的とは別に自然に生じる学びや反応のことを指します。例えば、子どもたちが科学実験を行う際、特定の科学的概念を理解することが主要な目標であっても、実験を進める過程で協力する力や、予期しない問題に対処する柔軟性などを自然と身に付けることがあります。これが「付随的反応」の例です。

この概念は、学習が多面的なものであり、単に教科書的な知識を習得するだけでなく、実際の経験や活動を通じてさまざまなスキルや知見を得られることを強調しています。「付随的反応」は強制的な学びからは生まれにくく、自分の「好き」にとことん向き合いながら学ぶ過程で、より多くのスキルを身に付けることが期待できるのです。こうして、新渡戸文化学園の探究では、毎週水曜日を丸一日使って、子どもたちがじっくりと自分の「好き」に向き合い、活動できる時間を提供しているわけです。

「ゲームが好き」から始まる学び

子どもたちの「好き」は実に多様です。保護者からは「うちの子はゲームばかりしていて困る」という声をよく聞きますが、ゲームが好きだからといってそれが悪いわけではありません。もちろん、依存症の問題など慎重に考えるべき側面はありますが、少なくともその子どもの「好き」が持つ可能性を否定するべきではないと思います。「好き」なことの中には、必ず可能性が潜んでいます。

実際、子どもたちはゲームの中で非常に主体的に行動しています。例えば、ゲームの中での目標（敵を倒す、レベルアップするなど）に向かって、さまざまな戦略を立て試行錯誤しながら進めていきます。時には分厚い攻略本を読んだり、オンラインで他のプレイヤーと協力したりしながら目標を達成していきます。この課題解決のプロセスそのものが、自律した学びとなっているのです。

ゲームが好きな子どもは、目標に向かって試行錯誤しながら成長することを経験的に理解しています。このプロセスは学習やスポーツ、習い事などにも活かすことができるはずです。実際、僕の教え子の中には、ゲーム攻略の手法を社会課題の解決に応用しようと探究している生徒もいます。

どんなことであれ、子どもたちの「好き」を認め、その「好き」に対して価値を見いだすことが大切です。さらに、その「好き」を探究につなげ、広げていくためには、「好き」から「問い」をたくさん作る経験をさせることも重要です。例えば、「世界でどのようなゲームが人気か（What）」「ゲームを作るにはどのような人が関わっているのか（Who）」「なぜゲームには依存性があるのか（Why）」といった問いを持ち、その答えを探ることで、より深い探究につなげることができます。

僕は生徒たちに、「皆さんの好きなもので、世の中をもっとハッピーにするアイデアはありますか」という問いを投げかけ、利他的な視点で答えのない問いに挑戦させています。ゲームが好きな子どもも、このような問いに対して、他者の視点を取り入れながら考えることで、主体的な学びが生まれていくのです。

ちなみに僕は、ゲームばかりしている子どもをゲーム嫌いにする方法を知っています。やり方は単純。子どもが夢中になっているゲームについて大人も詳しくなり、横から「そのステージはこうすれば攻略できるよ」「そうじゃない、こうするんだ」「どうしてできないの？」などと、あれこれ口出しするだけ。ゲームに対して主体的になれなくなった子どもは、あっという間にゲームが嫌いになるでしょう。

勘の鋭い人は気づいたかもしれませんが、学校の授業や家庭学習では往々にして、こうした「子どもの主体性を失わせてしまう」関わり方をしがちです。

教員も子どもと一緒に学んでいく

探究学習における教員の役割は、単に「教える」ことだけではありません。子どもたちは時に、教員が知らないテーマを探究することもあります。そのため、教員はすべてを教え込むのではなく、探究を支援するプロフェッショナルである必要があります。

探究学習を支援するために有効な方法の1つが、「問い」を使って生徒をガイドすることです。例えば、生徒が目標を意識できるように、「この探究でどんなことを目指したいの？」「この探究で幸せになる人は誰？」と問いかけたり、「目標達成のために何ができて、何ができていない？」とメタ認知を促す質問をしたりします。さらに、「どんな方法が他に考えられるかな」と手段を意識させるようにガイドすればよいのです。

教員はすべての答えを知っている必要はありません。苫野さんは、探究学習におけるこうした教師の役割を「共同探究者」「探究支援者」として強調しています。

苫野さんはここからさらに一歩進み、教員も生徒とともに学ぶことの重要性を提案しています。生徒が探究活動をしている時に、教員自身も何かを探究するのです。例えば、担当教科についてもっと深く学ぶことや、世界の教育事情について研究すること、あるいは難しい実験に挑戦することなどが考えられます。

僕も、新渡戸文化学園での探究の時間に、ギターのコードを覚えて曲作りに挑戦したり、レジン（プラスチック樹脂）を使ったアクセサリー作りをしてみたりしました。すると、生徒たちは僕の探究に興味を持ち始め、僕が一生懸命学んでいる姿に触発されるようになりました。お互いの研究を尊重し、生徒たちの主体性にじわじわ火を付けていく感じです。これは、教員主導で生徒を叱ったり、学習態度を管理したりする教室からは生まれないものです。

苫野さんは講演などで「なぜ、学校は、子どもたち『だけ』が、教員の管理のもとで学ぶ場所になってしまっているのでしょう？　大人も一学習者として、子どもたちと一緒に学んだっていいはずです」とよく問いかけています。子どもの主体性に火を付けるために学ぶというより、教員も純粋に一緒に学びを楽しめばいいのだと思います。そんな大人の姿から、子どもたちは自然に多くのことを学ぶのではないでしょうか。

誰かに支配されないための「自由の相互承認」

学校現場ではさまざまな問題が起き、その結果として対立が生じることがあります。しかし、苫野さんは問題を対決や論破で解決するのではなく、対話を通じてみんなが納得できる解決策を見つけることの重要性を強調しています。例えば、最近ではブラック校則問題の解決に向け、全国の学校で教員や生徒、保護者が対話を始めています。

苫野さんは校則問題を哲学的な視点から捉え、よくジャン＝ジャック・ルソーの言葉を引用して、学校における自由の重要性を説きます。

「たえず権威に全面的に従っているあなたの生徒は、何か言われなければ何もしない。腹が減っても食べることができず、愉快になっても笑うことができず、（略）そのうちには、あなたの規則通りにしか呼吸することもできなくなるだろう」

この言葉は、多くの学校で教員が子どもたちに指示や規制を強いることの危険性を示しています。自由を認めない環境では、子どもたちは自分で考える力ややり遂げる力を失ってしまいます。自由に生きるためには、ある程度の自由が認められた環境で、自分の自由を行使し、失敗や他者との衝突を通じて成長する経験が必要なのです。

ここで大切なのが「自由の相互承認」という考え方です。「自由の相互承認」とは、自分が自由に生きるために他者の自由も認めること。互いに自由な存在であることを認め合うことです。「自由の相互承認」が実現すれば、誰かに一方的に支配されることなく、平和で、自分が望む生き方やより良い社会を実現できるはずです。それは民主主義の根本的な考え方でもあります。

僕はこの「自由の相互承認」という言葉、概念を苫野さんから初めて聞いた時、学校文化に「自由の相互承認」は根付いておらず、その象徴的な問題が校則問題だと感じました。

苫野さんは、「自由の相互承認」に対する感度を高めることが学校教育の使命だと考えています。人が互いに自由な存在であることを認め合い、それを土台にして自由に生きられる力を育むことこそが、学校教育の本質です。人が複数集まれば、それぞれの考え方がありますから、意見の違いが生じます。そこで権力や強い武器を持つ者が勝つのではなく、対話を重ねて共通の目標を合意し、着地点を見いだすことが大切なわけです。

話を校則問題に戻すと、世間ではブラック校則と揶揄され、時に生徒対教員、世間対学校といった対立構造が生まれます。対等な対話を始めるためには、大人である教員が生徒の立場に立つことが重要です。教員が、生徒に対して「対等な対話をします」と宣誓してから対話を始める学校もあります。

生徒にとって、教員にとって「より良い学校とは何か」という最上位の目標を合意し、その上で手段としての校則問題を、対話を通して解決していく経験が何より重要です。この経験を積み重ねることなく、社会課題の解決はできません。これからの社会を「自分たちで作っていく」という当事者意識を育てるためにも、「自由の相互承認」に基づいた対話の経験を学校で積み重ねる必要があります。

他人の自律的な学びを邪魔してはならない

「教えない授業」のような自律学習に取り組む学校も増えてきました。自律学習とは、学習者が自ら学習のゴールを定め、学習内容を選択・実行・管理し、勉強の成果について評価する学習プロセスのことです。

こうした自律学習を行うと、生徒たちは必ずしも教員が望む選択をするとは限りません。スマホで動画を見たり、ゲームをしてしまったり、友達とおしゃべりをしてしまったり。その姿に教員は我慢できず、つい叱ってしまったり、一斉指導を始めたりといった悪循環も生まれがちです。これでは、いつまで経っても、自律して学習する力は身に付きません。

だからこそ、「教えない授業」のような自律学習を行う教室では「自由の相互承認」が大切なのです。教室をどのような場にするべきかという共通の目標を合意し、お互いの自由を尊重していくという考えです。

このことを分かりやすく生徒たちに伝えるために、僕は「ついついゲームをしてしまったり、サボってしまったりして、うまくできないこともあるよね。でも他人が勉強するのを邪魔する権利はないよ」と話します。あくまで、自律的な学びは自分の中から生まれてくるものです。ですから、そのわずかな芽を、話しかけたり、ゲームを一緒にしようと誘ったりすることで潰してはいけないということです。

学校という場で起こるさまざまな問題も「自由の相互承認」という思考のベースを大切にしながら、対等な対話を通して解決できるはずです。その風土が、持続可能でより良い社会を作っていくのだと僕は信じています。

対談

「教育学×学校」で教育を土台から変えていく

「自ら学ぶ子」を育てたいという思いは共通しているはずなのに、学校現場ではなかなか思いを実践に移すことができない。この原因はどこにあるのでしょうか。僕は、教員育成の起点となる教育実習にも見直しが必要だと考えています。教育哲学の見地から教育の原理を問い続けている苫野さんとの対話を通して、「教えない授業」の実践を支える教育の土台について考えます。

教育実習では日誌を埋めることが目的化する

山本：この対談では苫野さんと「教育学×学校」をテーマにお話しして、学校現場の未来を考えていきたいと思っています。

苫野：よろしくお願いします。

山本：教員養成の観点で言うと、僕たちは毎年教育実習生をさまざまな形で受け入れていますが、僕自身が学生だった数十年前と比較しても、今の教育実習生の姿はまったく変わっていないように感じます。大学から配られた分厚い日誌のようなものをまとめることで放課後が費やされ、子どもたちと接する時間はほとんどない。あれはどうにかならないのでしょうか。

苫野：おっしゃる通り、教育実習は至るところで本末転倒の状態になっていますよね。何のための教育実習なのか、哲学でいうところの「そもそもの本質」を問わなければいけないのに、大学の現場ではそれがないがしろにされている面が多々あります。

山本：昔ながらのやり方が型としてこびりついているのかもしれませんね。個別最適化された学びが必要だと言われている一方で、指導案の形式はいまだに一斉教授型の授業を前提とした書式になっています。

苫野：学校システムはよく「相互依存的アーキテクチャー」だと言われます。つまり、システムとしてガチガチに完成してしまっており、何か一つを変えようと思えばすべてを変えなければいけないということです。それでも少しずつ変えていきたいと思い、私も教育実習を見直す動きに加わっているところです。例えば教育実習の手引きには、服装・髪型についてのとても細かい規定が今も残っていて、場合によっては地毛なのに黒染めを強要されることもあります。

山本：昨今話題に上っているブラック校則と同じですね。

苫野：教育界ではそれが当たり前、社会人なのだからそれが当たり前だと言って議論さえ起きません。この思考停止状態が非常に問題だと思うんです。教員のそもそもの存在意義から考えると、民主主義社会を支える最も大切な土台が学校教育であり、教員はその担い手です。民主主義とは自由の相互承認、つまり互いに互いの自由を認め合うという人類の大発明によって成立したもの。価値観や宗教が異なる相手と争うのをやめ、互いに認め合うことをルールとして共有しようと生み出されたのが民主主義なんです。

その土台となる学校は、裕福だろうが貧しかろうが、どんな宗教を信仰していようが、どんな価値観や感受性を持っていようが、それが他者の自由を侵害しない限り認め合うということをこそ教えなければなりません。そうであるならば、こんな髪型や服装は認めない、というのが一方的に決められるのはおかしいですよね。もちろん、TPOを考える必要は伝えるべきですが、いずれにせよ、服装や髪型についても、ルールというものは、そもそも関係者みんなで対話を通して合意していく必要があるものです。それが、近代民主主義社会におけるルールの本質です。

山本：そうした本質を考えずに、「これが決まりだから」と言って物事を進めるのは本当に問題ですよね。教育実習の細かな規定に対して、多くの学生は理不尽だと感じつつも、単位を取得するために理不尽を我慢してやり過ごさなければいけないと思っているのでしょう。そうして理不尽を我慢した状態で教員になると、今度は子どもたちに理不尽なことを言ってしまうかもしれません。

苫野：いわば自縄自縛に陥ってしまうんですね。本質を問い直してチャレンジすれば、山本さんのように教育現場を変えられるはず。その鍵になるのは対話であり、対話を重ねれば、考え方の違う相手とも根っこの部分で合意できるポイントを見つけられます。しかし対話を深める機会がないと、どんどん思考停止に陥ってしまうのです。

教育学部は〝教員の仮面〟をかぶることを教えている？

山本：教員同士の間で、そうした対話を意識的に生み出す秘訣はあるのでしょうか？

苫野：私がおすすめしているのは、校内研修を対話ベースに変えていくやり方です。そこでまずは、「なぜ教員になったのか」「どんな先生になりたいのか」「どんな学校にしていきたいのか」といった、青臭い根っこの話を、年度はじめにたっぷりします。そうやって、お互いのことを知り合う時間を作るんですね。今の多くの学校は、職員室などでもそうした話をする機会はそんなにないんじゃないかと思います。

山本：確かにそうですね。

苫野：その上で、学校や子どもたちの実情をじっくり対話しながら、学期終わりくらいまでに学校の最上位目標をみんなで対話を通して合意する。できれば、学校目標や教育目標は、校長先生が決めて降ろすより、そうやってみんなで対話して合意していくのが望ましいと思います。最上位目標がしっかり合意されれば、じゃあそのために何をするべきか、何をやめるべきか、何を変えていくべきかといったことも、対話を通して見えてくるでしょう。行事のあり方、カリキュラムのあり方、授業のあり方、校則のあり方、いろいろなことを、この最上位目標に照らして考えていくことができるようになります。

また、それぞれがいろいろなチャレンジをして、それを対話型研修に持ち寄り、グループからフィードバックをもらったり応援してもらったりする、そんな研修もいいですね。その過程で、例えば山本さんのご著書を持ち寄って読書会を開き、感想を共有するなんていう対話型研修をやることも、大いに意義があると思います。いずれにしても、学校に対話の文化・仕組みを浸透させるための仕掛けは、いくらでも作っていけるはずです。

山本：小さくてもいいからアクションに踏み出すことが大切なんですね。新渡戸文化学園での研修では、芝生の上で対話をしていたら、そこにいた小学生が対話に加わってきたことがありました。対話に子どもを入れることはとても大切だと感じました。教員は自分が教えたり諭したりすることで子どもが成長するという自己承認欲求を持っているものですが、子ども自身が対話し、考え、問題を解決する姿を見れば考え方が変わるはずですから。

苫野：それはもう本当におっしゃる通りですね！　教員がハンドリングするのではなく、子どもたちが自分たち自身で、自律的に成長していく姿をぜひ大学生たちにも見てほしいです。

山本：教育実習でそうした場に立ち会えれば貴重な経験となりますよね。

苫野：以前、茨城県教育研修センターの企画で、教師を目指す学生や、現役の先生、そして木村泰子さん、指導主事の方たちと、「良い先生とは？」をテーマにした「本質観取」という哲学対話をやったんです。その中で、「先生は教師の仮面をかぶりすぎてはいないか？」という意見が出ました。１人の人間として子どもと関わるというより、教師の分厚い仮面をつけて関わってはいないだろうか、と。それに対してある学生からは、「むしろ教育学部は教員の仮面をかぶることを教えている気がする」という声があがりました。教師らしく、教師らしく、と、そんなことばかり指導されている気がする、と。でも、そんな仮面をつけた先生を、子どもたちは信頼するはずがありませんよね。別の学生は、教育実習で子どもたちが素の自分を受け入れてくれた体験を振り返り、「教員ってなんて幸せな仕事なんだろう」と思ったと話してくれました。

山本：僕たち教員が「教育実習生にこうあってほしい」と望むことは、自分たち自身がありたい姿の裏返しなのかもしれませんね。

教員は子どもたちの対話の機会を奪っている

山本：苫野さんは、教育実習生を送り出す時にどんな言葉をかけるんですか？

苫野：実習に赴く前の学生は緊張し、現場での厳しい指導を想定してガチガチになっていることも少なくありません。そのため私からは「緊張感を持つことも大切だけど、リラックスして何より楽しんできてね」と声をかけています。学習科学には、「教員が笑顔で子どもたちに接したほうが子どもたちの成長に資する」という研究もあるんですよ。その意味では、心理的安全性が担保された学びの環境を作ることはやはり大切だと思います。一方で、学生たちに過度の緊張感を強いる実習現場はいまだに少なくありません。

山本：心理的安全性と言えば、子どもたちや保護者の中には「いじめがまったくない学校」

など、温室のような環境を想像する人もいるかもしれません。でも本質的には、意見が対立した時にオープンに対話したり、助けを求めたりできる環境こそが心理的安全性のある場だと言えるのではないでしょうか。問題を解決するのはあくまでも当事者である子どもたち自身であり、大人はそのサポートをするだけですから。

苫野：おっしゃる通り、「問題が何も起こらない環境＝心理的安全性のある環境」ではありませんよね。一方で、学校現場では問題が起こらないように、対立が起こらないようにすることを第一にして、結果的に子どもたちの成長の機会を奪ってしまっている現実もあると思います。子どもにとっては失敗を通してこそ得られる学びもあるのに、大人たちはリスク回避のためにそうした機会を潰してしまっているんです。

山本：教員が手をかけ過ぎているということですよね。本当は子どもたちに自律的に勉強してほしいと考えているのに、教員が先回りしてたくさん宿題を出してしまう。本当はいじめが起きない学校を作りたいのに、教員が先回りして子どもたちの関係性に過剰に介入してしまう。そんな現象がたくさん起きていると思います。

苫野：宿題でいうと、小学生に関しては「宿題と学力の相関性はほぼゼロ」という研究結果が海外で出ています。アメリカの著名な教育専門家であるアルフィー・コーンは、『宿題をめぐる神話』（丸善プラネット）という著書の中で「宿題を課すことはメリットよりもデメリットのほうが大きい」と指摘しました。なぜなら、勉強はやらされるものだというマインドを子どもたちに徹底的に叩き込んでしまうからです。

もちろん、これは英語圏の研究なので、日本でも同じことが言えるかは慎重に考えたほうがいいと思います。また、一口に宿題と言っても、一律に一方的に与えられるものと、例えば自由進度学習をしているクラスにおいて、自分の学習計画を立てて学びを進める中での家庭学習とでは、その意味することが全く違います。宿題はありかなしかという二項対立で考えるのではなく、学校内外で、どのような学びのあり方が実現すれば子どもの学びと育ちに意義があるか、と考えるのが本質的だと考えています。

山本：宿題については僕も苦い経験があります。その学校では宿題の評価基準が「すべて解いて答え合わせをしていたらA」「答え合わせをしていなければB」「取り組んでいない問題があればC」と分けていました。すると子どもたちは、提出期限の間際になって答えを見ながら丸写しして宿題を完成させるようになります。そうした子どもの宿題もAだと評価されていたんですよね。逆に真面目に取り組んで、できない問題に時間がかかり答え合わせまで行かなかった子はCになるわけです。これでは、子どもたちの中に自由な時間をコントロールし、目標設定して自律的に学ぶ概念が生まれないと感じました。この矛盾に苦しんでいる生徒や先生は多いのではないでしょうか。「例年こうしているから」と議論以前に思考停止になっている学校も多いのではないでしょうか。

宿題を与え続ければ続けるほど、子どもたちは学びは与えられるものと感じ、学習に向き合わなくなり、ゲームや動画などの誘惑に負けてしまうんです。

苫野：いわゆる報酬主義の弊害ですね。「これができたらあれをあげる」というやり方には大きな問題があります。なぜなら、目的が「あれ」という報酬になってしまうから。結果的に子どもたちは、学びに没頭するのではなく、いかに省エネして成果にたどり着くかを考えるようになってしまい、本来の勉強である「これ」を軽視してしまうんです。

「他者を尊重する」とは相手の立場や考え方を想像すること

山本：世の中に目を向ければ、最近では個人の考え方に応じて自由な働き方ができる企業が増えてきました。そうした企業ではコア・バリューなど、みんなで共有する最上位の目的が明確に定められています。そこには自由に働くために自分をコントロールすることの重要性が書かれていることも多い。

これは学校でも同じなのかもしれません。情緒的な目標ではなく、具体的なコンピテンシー（知識やスキルを活かし、成果を出す力）ベースの目標を置いて、子どもたちが自由の中でも自分をコントロールすることに目を向けられるようにするべき。自分で考え、判断し、自己決定していくことが学校生活のベースにあるべきではないでしょうか。

それを実践するために重要なのが、苫野さんの指摘する「自由の相互承認」だと思います。僕はこの考え方を子どもたちに伝える際に、「誰かが学ぶ権利を奪わない」ということだけを唯一のルールとして語りかけてきました。

苫野：私が敬愛する哲学者ルソーは名著『エミール』において、子どもたちと約束すべきことは1つだけでいいと書いています。「他人を同じ人間として尊重しよう」。これだけ。子どもたちが、自分が他者を尊重できているかを考える癖を持つことが重要だと説いているわけですね。小さな子どもに伝えるのなら「人を傷つけない」以上、でもいいですね。細々としたルールを設ければ設けるほど、子どもたちは自分の頭で考えなくなってしまいます。むしろ、いかにごまかすかとか、嘘をつくかとか、そんな心性を生み出させてしまいかねません。

山本：ただ、学校現場では「尊重」という言葉の意味がなかなか伝わらないと感じることも多いです。小学校でよく子どもたちに言う「自分がされて嫌なことは人にするな」という伝え方も、実は不十分ですよね。自分が嫌だと思うことを相手も嫌だとは限らないし、相手が嫌ではないことも自分は嫌だと感じるかもしれない。だから、本質的には相手の立場や考え方を想像することこそが大切なのではないかと思うんです。

苫野： 大人もそうですよね。ちょっとした夫婦げんかの場面を思い出しても、「あの時なぜ相手の立場に思いを馳せられなかったんだろう」と反省します。

山本： 大人だって自分をコントロールしたり、相手の立場を考えたりするのは難しい。そうやって子どもたちに率直に告白することも大事なのかもしれません。これこそ教員の仮面を脱ぎ捨てることにつながるのではないでしょうか。教員が子どもたちの横に立ち、「こんな時はなかなかうまくいかないんだよね。どうしたらいいかな？」と相談したっていいんですよね。

研究と実践のコラボレーションが学校を変える

山本：苫野さんはこれから、どんなふうに学校現場を変えていきたいと考えていますか？

苫野：私は2011年に『どのような教育が「よい」教育か』（講談社）という書籍を出しました。当時は、どのような教育が良い教育なのか、教育学の世界でもほとんど問われなくなっている状況があったんです。その中で私は哲学の原理を応用してこの問いに挑み、自由の相互承認を土台として、良い教育とは何なのかを考える指針を示すことができたと思っています。そのために具体的に何をすべきかを考え、2014年には『教育の力』（講談社）という書籍で「学びの個別化・協同化・プロジェクト化の融合」を理論として示しました。ただこの時には、数多くの人から「あなたの言っていることは理想論に過ぎない」と言われたんですよ。

山本：そうだったんですか。

苫野：今でこそ「個別最適な学び」と「協働的な学び」の一体的な充実、といったことは当たり前のように言われるようになりましたが、当時はほとんど理解されませんでした。とはいえ、何も私が斬新なことを言ったわけではありません。20世紀前半に活躍したアメリカの哲学者ジョン・デューイは、子どもは生来「知りたい欲求」

「コミュニケーションを取りたい欲求」「自己表現したい欲求」「ものを作りたい欲求」の4つを持っているものの、学校に入った途端にこれらが抑圧されてしまうのだと指摘しました。そして、子どもの生来の欲求を学びにつなげるために、現在のPBL（Project Based Learning、課題解決型学習とも）の源流となる方策を考案したんです。

山本：100年以上も前から教育の本質的な問題点が認識され、改善のためのアクションが行われていたんですね。そして今もなお、その過程が続いていると。

苫野：はい。現在では山本さんをはじめとして、学校現場をより良いものにしていこうとする実践者がたくさんいます。私は今後も実践者である先生方と一緒に、良い教育を形にする道のりを具体化していきたいと思っています。

山本：とても心強いです。自分自身が1人で実践してきたことを、苫野さんは学術的視点で理由づけし、体系化してくれるわけですから。研究と実践のコラボレーションがさまざまな場所で進み、情緒的・感覚的ではない教育が当たり前になるようにしたいですね。

苫野：私自身は、ささやかながら、哲学者として、山本さんの実践の意義を原理的にはっきりさせる仕事ができるかなと思っています。もう一方で、教育学者の仕事の1つに、山本さんのように実践を進めてくださっている方々の考え方や方法を構造化し、他の人も同じように実践できる理論を作ることがあるんです。山本さんはきっと、『教えない授業』は山本崇雄だからできたんでしょ？」と山ほど言われてきたでしょう。でも、なぜ、どのように、山本さんが「教えない授業」を実践できているのか。その本質的な構造を明らかにすることができれば、誰もがある程度山本さんになれてしまう。そんな理論を作ることが教育研究者には求められています。個人的には、多くの若手研究者に、そんな研究にぜひ挑んでほしいとも思っています。

苫野一徳（とまの・いっとく）

哲学者・教育学者。熊本大学大学院教育学研究科准教授。多様で異質な人たちが、どうすれば互いに了解し承認し合うことができるかを探究する。著書に『親子で哲学対話――10分からはじめる「本質を考える」レッスン』（大和書房）『学問としての教育学』（評論社）『どのような教育が「よい」教育か』（講談社）等多数。

第5章

子どもが「学び方を学ぶ」探究学習

対談：岡 佑夏（教育デザイナー）

多くの課題が伴った探究学習の導入

探究学習が本格的に導入されたのは、2017年に日本の教育が大きく見直された際のことです。この時、文部科学省は「社会に開かれた教育課程」をテーマに掲げ、21世紀に求められるスキルや能力を育てるための新しい教育方針を打ち出しました。

同省は探究学習の目標を「変化の激しい社会に対応して、探究的な見方・考え方を働かせ、横断的・総合的な学習を行うことを通して、より良く課題を解決し、自己の生き方を考えていくための資質・能力を育成すること」としています。その一環として、高校生向けに「総合的な探究の時間」が導入され、2022年度から本格的にスタートしました。

この「総合的な探究の時間」では、これまでのように一方的に知識を詰め込むのではなく、生徒が自分の興味や関心に基づいてテーマを選び、調査や研究を進めることが求められます。これにより、知識の習得だけでなく、問題解決力や創造力、そして他者と協力する力が重視されることになります。生徒たちは、自ら考え行動する力を養うことで、社会に出た時に必要とされる実践的なスキルを身に付けることが期待されています。

しかし、探究学習を導入する現場の教員にとっては、新しい学び方に多くの課題が伴うのも事実でしょう。探究学習の進め方や指導方法がまだ確立されていないため、型にはまった進行が生まれ、結果的に生徒が自由に探究を進められないケースも見受けられます。本来、探究学習は生徒一人ひとりが自分のペースで自由に進めるべきですが、現実には、指導に戸惑う教員が多く、生徒たちの自主性や創造力が十分に発揮されない状況も少なくありません。

こうした状況が続くと、せっかくの探究学習の理念が生かされず、生徒たちの自主性や創造力が制限されてしまう恐れがあります。探究学習が本来の目的を達成するためには、教科学習もまた、生徒の主体性を育てる探究型に変えていく必要があります。週に2時間程度の「総合的な探究の時間」だけでは、生徒の主体性を十分に育てることは難しいでしょう。

実際、高校の指導要領では、探究学習は「総合的な探究の時間」だけでなく、数学や理科、国語などの各教科にも取り入れられています。これにより、従来の教科での知識の習得と探究のプロセスが組み合わさり、より深い学びにつながることが期待されているのです。例えば、数学の授業で生徒が自ら問いを立てて答えを導き出すプロセスや、国語の授業での批判的な読解を通じて探究の要素を取り入れる試みが求められています。

このように、探究学習を成功させるためには、「教えない授業」といった自律学習を取り入れ、生徒の主体性を引き出す授業スタイルが重要となります。生徒が自ら考え、行動する力を育むことができるような教育環境を整えることが、探究学習を効果的に進めるための鍵となるのです。

映画『Most Likely to Succeed』との出会い

探究学習が広がる中で注目されているのが、アメリカの教育改革を描いたドキュメンタリー映画『Most Likely to Succeed』（2015年）です。この映画は、伝統的な教育システムが現代社会のニーズにどれだけ対応できているかを問いかけます。映画は、知識の暗記を重視する従来の教育方法が急速に変化する現代社会ではもはや適切ではないことを示唆し、21世紀に必要とされるスキル、例えば批判的思考、創造性、協働性、自律学習などを育てる新しい教育モデルの必要性を提案しています。

映画で紹介されているのは、サンディエゴにある「High Tech High（以降、ハイテックハイ）」という学校の事例です。この学校では、プロジェクトベースの学習（特定の科目の学習ではなく、プロジェクトや目標達成のための学習。課題解決型学習とも呼ばれる）を中心に据え、学生たちは実際の問題を解決するために、自分たちで調査し、計画を立て、実行しています。このように、プロジェクトを通じて学んだことがそのまま実社会での問題解決につながる経験ができるのです。

映画が強調しているのは、現代の教育がいかに産業革命期の工場労働者を育てるためのシステムに依存しているか、そしてそのシステムが現代社会ではどれほど時代遅れになっているかという点です。暗記中心のテストや標準化されたカリキュラムの代わりに、学生が興味を持てるテーマについて、試行錯誤しながら学びを深めるプロジェクトベースの学習の有効性が描かれています。

探究学習が広がる中で、日本の教育現場でも、従来の一方的な講義形式から脱却し、学生たちが自ら考え、行動する力を養うことが求められるようになってきました。例えば、地域の課題解決に取り組むプロジェクトや、企業との連携を通じて実社会の問題に取り組む授業などが増えています。これにより、学生たちは単なる知識の受け手ではなく、自ら問題を見つけ、解決策を考える「探究者」としての役割を果たすようになっています。

映画『Most Likely to Succeed』は、単なる教育の問題提起にとどまらず、教育がどのように変わり得るかを具体的に示しており、日本の教育にも大きな影響を与えています。特に探究学習の普及とその質の向上に貢献していると言えるでしょう。

事実、ハイテックハイの教育スタイルは日本でも注目されており、毎年視察ツアーも行われています。日本の教育現場が、映画で描かれたような学生の自律性や創造性を育む教育へと進化していくことを目指す先生が少なくないということです。

プロジェクトベース学習を成功させる3つの鍵

ハイテックハイでも、最初は教員が決めたプロジェクトを通して生徒が学び方を学び、卒業前の最後の学期で生徒が一から考え、学びを深めていくそうです。そして僕は2019年に、ハイテックハイの先生方から直接学ぶ機会を得ました。2人の先生が来日し、実際の探究学習について学ぶワークショップが開催されたのです。全国から集まった46人の教員とともに、探究学習の体験を深めました。このワークショップには、ハイテックハイに留学経験のある岡佑夏さんも参加し、僕たちの学びをサポートしてくれました。

招かれた先生は、ハイテックハイの科学教諭ジョン・サントスさんと、小学校教諭ジャメル・ジョーンズさんの2人です。研修では、段ボールで船やハイヒールを作るという実践的なプロジェクトを通じて、探究学習のポイントを体験しました。

ワークショップで配られた「教師向けの手引き」には、プロジェクトベースの学習を成功させるための3つの鍵が示されていました。

①展示

サントスさんは、「展示」の重要性について「どこでどのように展示するかを学習の最初に考えるべきだ」と強調しました。生徒が自分の作品を発表する場を、学校内だけでなく公共の場に設定することで、生徒たちのやる気がさらに高まるというのです。研究でも、校外の大人や専門家に発表する方が、成績のために先生に発表するよりも、動機付けに効果的であることが示されています。

②何度も練り直す草案

「草案」に関しては、最初から完璧を目指すのではなく、「まずはやってみる」ことが重要だとされています。草案を何度も練り直しながら改善していくことで、成長が見られます。僕が以前実施した「理想の絵本を作ろう」プロジェクトでは、生徒たちが作成した試作品を幼稚園の先生に見てもらい、ストーリーや表現、イラストに関するアドバイスを受けながら、作品を改良し続けました。この過程で、専門家から認められ試行錯誤し続けることで「やればできる」という成長マインドセットが育まれるのです。

③建設的な批評

最後に、「建設的な批評」については、以下の3つの基本原則が強調されました。

・作品を出す側は弱い立場にあるため、親切に接すること
・批評は曖昧でなく、具体的に行うこと
・批評が作品の改善に役立つものであること

これらの原則を守ることで、生徒たちは前向きな気持ちで批評を受け入れ、より良い作品を作ろうとする動機を高められます。実際に参加した教員も、段ボールでハイヒールを作る際に建設的な批評を受けたことで、前向きな気持ちになり、改善

につながったと感じていました。

この研修で特に印象的だったのは、プロジェクトを展示会で終わらせるのではなく、その成果をどのように社会に還元するかまで考えられていた点です。実際に役立つ経験をすることが、何よりの動機付けであり評価の基準となると感じました。最後に2人の先生は、「プロジェクトベースの学習の究極の目的は、生徒が『学び方を学ぶ』ことであり、それが生涯にわたって学び続ける力を育むことだ」と語りました。すべての教科に探究型の学びが取り入れられれば、教科学習を通じて生徒たちは学び方を学び、生涯学び続ける人間に成長していくのです。

「教えない授業」と探究学習は相性が良い

新渡戸文化学園のカリキュラム開発では、毎週水曜日を丸1日探究学習に充てました。通常の教科の授業をやめて、探究学習を通して教科を手段として学ぶ形に変えたのです。

ここでは、生徒たちは自分の好きなことや興味のあることをテーマにして探究学習を進めます。この学びは生徒自身が進めるので、基本的に教員は一方的に教えることはしません。これは「教えない授業」のような自律学習のスタイルであり、目標を設定し、自分を振り返りながら、学び方を選択するプロセスを取るため、探究学習と非常に相性が良いのです。教科学習で自律的に学ぶ習慣やスキルが身に付けば、探究学習でも同じように問題解決に取り組むことができるようになります。

例えば、「英語を使って日本の文化を伝えたい」という目標を達成するために、自分で手段を選び、教員や友だちの支援を受けながら達成することと、「フードロスを減らすアイデアを発信したい」という目標に向けて自分で手段を考え、協力しながら達成していくプロセスは、基本的に同じです。もし探究以外の教科学習が先生主導の一斉教授型であれば、週1回の探究学習で自由に学ばせても、生徒はなかなか主体的に取り組めないでしょう。すべての教育活動で、主体性を育て、手段を自分で決める経験を積み重ねることが、探究学習で主体的に学ぶための基盤となります。

つまり、探究学習の成功の秘訣は探究以外の教科の学び方にかかっています。すべての教科指導で探究の視点を取り入れ、生徒の主体性を育てることにあるのです。生徒の主体性を育てるためには、どの授業でも「自分で考え」「自分で決める」機会をたくさん与えることが重要です。そうすることで、生徒たちは自然に主体的に探究に取り組むようになります。

「自分で決めて」「自ら動く」経験を積み重ねる

では、探究学習の目的とは何でしょうか？　新渡戸文化学園での教育改革では、教育の最上位目標を「自分と社会を幸せにするハピネスクリエーターの育成」としました。これは、学校で学んだことを生かして、将来自分の大切な人や社会を幸せにすることで、自分自身の幸福な人生を描いてもらいたいという願いを込めたものです。この目標は、OECDが提唱する「ラーニングフレームワーク2030」の中で最上位目標として示されている「個人と社会のウェルビーイング（Individual & Social Well-Being)」と一致しており、世界が目指す教育の方向性とも重なります。

そのため、僕たちはまず「自分と社会を幸せにするための探究学習」を改革の中心に据え、そこから教科学習も探究型に変化させることを考えました。具体的には、生徒が自分の幸せを考え、「自分の好きなこと」を深掘りし、探究のテーマにすることを出発点としました。

とはいえ、中学生の中には、自分の好きなことがまだはっきりしていない生徒も多くいます。また、人生100年時代と言われる今、同じことをずっと好きでいられるとは限りません。そのため、その時に心が動いたものをテーマに選んだり、友だちの好きなことに便乗したりしても構わないと思います。

探究というと何か難しく感じる生徒もいるかもしれませんが、岡さんは「幼稚園の時、どうしたら硬い泥団子が作れるかを考えた経験はありませんか？　実はこれも探究なんです。さかなクンのように魚に夢中になって調べている姿も、探究と言えるんですよね」と話しています。

難しく考えず、とにかく「自分で決めて」「自ら動く」経験を積み重ねることが主体性を育てる上で大切です。これは「教えない授業」といった自律学習でも同じことが言えます。探究学習と自律学習は、どちらも生徒の内発的動機を尊重し、学ぶ楽しさを引き出すものです。

できないことは、誰かに助けてもらえばいい

探究を進める中で、うまくいかないこともあります。そんな時に大切なのは、「自分のできないことは、誰かに頼ればいい」という考え方です。岡さんも、ハイテックハイで英語が話せない自分が探究プロジェクトで役割を果たせるのか不安だったそうです。しかし、あるプロジェクトで「音楽を作る」という役割が求められた際、音楽が得意だった岡さんは「それならできる」と思い、積極的に関わったそうです。その結果、仲間からも褒められ、自分に自信が持てるようになったと言

います。

一斉授業が多いと、「分かりません」と打ち明けることが授業の進行を妨げる迷惑なことだと感じてしまう生徒が多く、「できないこと」を「助けて」と言いにくい学校文化ができてしまいます。しかし、探究学習ではみんなが一斉に同じことを行うわけではないので、コミュニケーションが得意な人はインタビューを、文章を書くのが得意な人はレポートを、デザインが得意な人はポスターを作るなど、それぞれの得意分野を生かして役割を果たすことができます。「これができないから助けて」と言いやすい環境が探究学習にはあります。

さらに、探究では成果をプレゼンすることが多いのですが、忘れてはならないのは、「何のために、誰に向けて探究を発信するのか」という視点です。日本の学校教育ではこの視点が欠けることがよくあります。例えば、遠足の感想文を書く際にも、何のために、誰に向けて書くのかを考えることが大切です。これが単に「先生が成績をつけるために先生に向けて書く」であれば、生徒のモチベーションは低くなります。これを、「訪れた場所の外国人向けガイドブックを作るために、出版社にプレゼンする」と変えれば、生徒のモチベーションは大きく高まります。表現活動には「目的」と「他者」を意識することが重要なのです。

プロジェクト学習の良さは、必ずしも成績優秀な子が有利になるのではなく、プロジェクトの中にはさまざまな役割があり、いろいろな活躍の仕方ができるところです。実際の社会においても、デザインの仕事、コミュニケーションを活かした仕事など、さまざまな働き方があるはずです。プロジェクトの中で自分の輝ける役割を見つけることは、キャリアを考えるヒントにもなります。

探究は特別なことではない

「探究の時間はどうすればいいいですか?」「探究の時間を成功させるにはどうすればいいですか?」といった質問をよく受けます。それだけ先生方にとって「総合的な探究の時間」は悩ましい時間なのだと思います。

しかし、探究とはそもそも特別なことなのでしょうか? 人間は、生まれてすぐに周りのものに興味を持ち始め、触ったり叩いたり引っ張ったりしながら試行錯誤し、遊びにつなげていきます。しかし、成長するにつれて「それはやめなさい」と行動を制限され、「やってみたい」という気持ちが奪われてしまうことも多くなります。

大切なのは、僕たちが本来持っている「やってみたい」という気持ちを重視し、「自分で考え」「自分で決める」経験をすべての授業で尊重することです。日本の学校でハイテックハイのようにすべての学びを探究的に変えることは難しいかもしれません。しかし、教科学習が探究型になり、教科を超えた学びが連携してできるようになれば、「総合的な探究の時間」といった特別な時間は不要になるかもしれませんよね。

探究学習の目的は、生徒が「自分と社会を幸せにする」ためのスキルとマインドセットを育むことです。これが実現できる教育環境を整えることが、僕たち教育者の使命だと考えています。

対談

失敗も成功も繰り返し体験できる「やればできる」の探究学習

すべての学びが探究学習。そんなハイテックハイに留学した岡さんは、言葉の壁などさまざまな難題にぶつかりながらも、少しずつ探究の楽しさに気づいていったと話します。そうした日々で得た「やればできる」の精神は、「すべての子どもたちが安心して学べる場所」を目指すオルタナティブスクールの立ち上げにつながりました。岡さんは日本の教育環境をどのように見ているのか。探究学習の本質的な課題について語り合いました。

プロジェクト型学習で有名なハイテックハイへ留学

山本：岡さんは、高校在学時に当時開校2年目だったサンディエゴのハイテックハイへの留学を経験し、オルタナティブスクールの立ち上げなどのさまざまなプロジェクトに関わっています。そんな岡さんとの対談では、日本の探究学習の未来について話してみたいと考えていました。

岡：ありがとうございます。よろしくお願いします。

山本：探究学習というと、とかくクリエイティブでキラキラしたものだったり、他を圧倒するような社会貢献活動だったりがクローズアップされがちだと思うんです。でも中高生が自律しながら、真に探究すべきなのは、大人が望むキラキラした内容だけではないと思っていまして。

岡：同感です。私自身はいつも「子どもたちが卒業する時に、問いを立てる力が身に付いていたらいいな」という感覚で探究学習に関わっています。国際平和やＳＤＧｓ、地域貢献など、大人が取り上げがちなテーマはもちろん重要な内容です。だけど、それらが目立てば目立つほど、自分の身近な生活の中で問いを立てることに目が行かなくなってしまうようにも感じます。

山本：そうですよね。実際に探究学習が始まると、「何をすればいいか分からない」「やりたいことがない」と悩む子どもも少なくありません。そんな子にこそ探究の時間は重要だと思うんです。岡さんは探究の時間によく行われるプロジェクト型学習で有名なハイテックハイに高校生時代に自ら飛び込んでいますが、どんな子ども時代を過ごしていたんですか？

岡：小学校の時は目立ちたがり屋の子どもでしたね。総合的な学習の時間では「家を建てたい」という壮大なテーマを持ち出してプロジェクトに取り組んだこともありました。みんなで劇の出し物をする学習発表会では、先生が書いた台本に「つまらない！」とダメ出しして、自分たちで台本を書いて演じたこともあります。

山本：たくましいですね（笑）。でもそれだけ「やってみたい」をやらせてくれる先生も素敵です。岡さんにとって自由にやらせてもらえたのは、理想的な環境だったのではないでしょうか。

岡：そう思います。先生たちは子どもの主体性を大切にして、思いきり自由に取り組ませてくれました。中学校でも生徒会に入り、体育祭や文化祭などを自分たちの発案で運営していました。

山本：そこから留学を考え、ハイテックハイに出会った経緯は？

岡：高校進学後は学校の勉強に全然付いていけなくて、落ちこぼれてしまったんです。先生との距離を遠く感じ、高１の段階で文理選択を迫るような制度にも不満を覚えていました。一方、ドラマなどで見るアメリカの高校生はキラキラしているように見えてあこがれていました。もともと海外留学に興味を持っていたこともあって、「アメリカへ行きたい！」という思いがどんどん大きくなっていきました。

ハイテックハイへのご縁はたまたまで、私が自分で選んだわけではないんです。どんな高校に留学できるか分からない状態で、蓋を開けてみたらサンディエゴという素敵な街にある、ちょっと変わった高校でした。授業では教科書を使わないし、期末試験ではペーパーテストを受けるのではなくプレゼンテーションをする。アメリカの高校ではこれが普通なんだと思っていたら、後から「この学校は特別なんだよ」と教えられました。

子どもと大人が同じ目線で探究する学校

山本：ちなみにハイテックハイについて、初めて聞く人に対しては、どんな学校だと説明していますか？

岡：一言で表すなら「全科目を教科横断型で、ＰＢＬ（Project Based Learning）の形で進めている学校」ですね。

山本：この類型が日本の学校にはほぼないので、ピンと来ない人も多いでしょうね。実際の時間割はどのようになっているのでしょうか。

岡：私が通っていた頃は各教科の単元ごとにプロジェクトを行っていました。現在では教科横断の科目を1日2〜3コマ程度のスケジュールで学んでいるようです。

山本：教員が一斉授業で子どもたちに教える場面はほとんどないということですよね。新しい知識はどのようにインプットしていくんですか？

岡：あくまでもプロジェクトの中で調べ、学んでいきます。例えば「海洋資源を保護して海をきれいにする」というプロジェクトに取り組む際には、実際にみんなで海でダイビングして生物や自然を観察。その様子をアウトプットする際には生物や化学の知識が欠かせないので、自分たちで必要なものを必要な時に学んでいくんです。

山本：ワクワクする学び方ですね。

岡：ハイテックハイの場合は、先生が一番目がキラキラしていて、子どものように楽しそうなんですよ。実際にハイテックハイの教員向け指導書には「先生もワクワクできる題材にしてください」と書かれているんです。海でダイビングするという取り組みも、きっと先生がやりたいと思っていたことなんでしょうね（笑）。そうやって大人がワクワクしていることに子どもを巻き込んでいくことも大切なのではないでしょうか。

山本：探究の場を「大人が与えてあげる」のではなく、子どもも大人も「同じ目線で探究していく」ということですね。僕も、生徒が探究のテーマに僕の好きなサウナを選んだ時、一緒にワクワクしたのを覚えています。こうしたプロジェクトの企画は、先生と子どもたちが対話しながら作っていくのでしょうか。

岡：はい。先生は子どもたちのアイデアを聞いて企画を立てたり、他の教科の先生たちと組んでチームで準備をしたりしていました。私の恩師でもあるジョン・サントス氏は、生徒が興味を持てないプロジェクトだとしたら、それは教員の設計に問題がある。生徒をよく観察し、彼らが興味を持てることを発見することが大切だと言っていました。生徒が〝自分にとって身近な課題である〟〝自分の将来につながっている〟と感じられるものがプロジェクトのテーマになっていたこともあり、どの授業にも自分事として取り組むことができました。

壁を乗り越える「やればできる」の精神

山本：岡さんにとっては、日本の高校で行われる一斉詰め込み型の授業よりは、ハイテックハイのやり方のほうが合っていたんでしょうね。

岡：ただ、つらいこともたくさんありましたよ。ほとんどの課題をグループワークで進めるので、「自分が付いていけないと周りのみんなの評価に影響するかもしれない」というプレッシャーをいつも感じていました。あこがれだけでアメリカに飛び込んだ私は、LとRの発音の違いも聞き分けられないところからスタートしたんです。

山本：授業の内容以前に、言葉の壁が立ちはだかったんですね。

岡：最初の頃は毎日シャワーを浴びながら泣いていました（笑）。

山本：苦労を乗り越えてハイテックハイで過ごした1年、岡さんはどんなことを感じましたか？

岡：ハイテックハイがPBL型の授業を行っているのは、これからの時代を担う子どもたちの非認知能力を伸ばすために最適だと信じているからです。その中でも特に重視されているのが「グロース・マインドセット」。分かりやすい日本語にすれば「やればできるの精神」ですね。これが私に大きな学びを与えてくれました。

山本：やればできる。

岡：はい。子ども同士ではグループワークがうまく進まず、プロジェクトの途中で空中分解しそうになることも何度もありました。それでも「今回のプロジェクトでうまくいかなかった部分は次のプロジェクトに生かせばいいんだ」と前向きに考え、やればできるの精神で乗り越えていきました。私以外の子も同じような学びを得ていたと思います。例えば小学校からハイテックハイに通っている子は普通のペーパーテストを受けたことがないので、大学に入った途端に成績が落ちてしまう。それでも自分で壁を乗り越える方法を考え、何とか実行していけるから、結果的にハイテックハイ出身者は大学卒業率が高いんです。

山本：高い壁にぶつかっても「自分は乗り越えられる」と信じられるのは強いですね。非認知能力の大切さが如実に表れているように感じました。そういえば以前、イギリス在住の方と話していた際に「海外の多くは運転免許取得までのプロセスが日本よりも簡素だと思う」と言われたことがあります。海外では路上に出て車の運転操作を練習しながら、学科の知識を学び、慣れていくやり方がほとんどだと。つまり、日本では手取り足取り教えようとし過ぎているのではないかという指摘だったんです。

岡：確かに、それは日本ならではの特徴かもしれませんね。

山本：教育現場も似たようなもので、日本には大学へ行く前の予備校も存在します。こうした環境の中で育つと、いきなり自分の力で挑戦するのではなく、「間違いのない方法を誰かに教わってから挑戦しよう」と失敗を恐れる子どもが増えていくのかもしれません。そうした意味では、ハイテックハイの先生たちがどのように子どもたちと関わっているのか、とても気になっていました。

岡：生徒に身に付けてほしい能力を考える時に、ハイテックハイの先生たちはまず「自分たちはできているのか」とシビアに振り返っていると思います。例えば、子どもたちに円滑なコミュニケーション能力を身に付け、社会で生きる力を伸ばしてほしいと思っているのに、自分たちが職員会議で非生産的な時間を過ごしているのはナンセンスですよね。

もしそうした場面に遭遇したら、ハイテックハイの先生たちは積極的にフィードバックし合って修正します。悪いことではなく、良いことも日頃からたくさんフィードバック。ハイテックハイで学んでいる時は、先生が他の先生を称賛することもよくありました。

山本：素敵な文化ですね。日本ではクラス担任や教科担任の領域に意見を言うのにハードルを感じる文化があると思います。クラスや教科を超えてフィードバックし合える環境はぜひ作っていきたいですね。

岡：加えてハイテックハイでは、子どもが学習に向かえる環境を作ることに注力しています。ハイテックハイに集まる子どもの中には、貧困家庭で食事もろくに取れていない子もいれば、学習障害があって大きな音に過敏に反応する子もいます。そうした一人ひとりの事情を理解し、特性に合わせて必要なサポートを行っていました。

日本の高校に通っていた頃を思い返すと、日本の学校は、子どもたちに機会を平等に与えることは大切にしているものの、それを受け取れない子どもや受け取る力がない子どもへのサポートはゼロに等しいのではないでしょうか。

何があってもハングリーに生きてゆける子どもを育てたい

山本：僕は、落ちこぼれてしまったり、はみ出してしまったりする子どもがいるのは大人が作り出した問題だと考えています。大人の都合で授業カリキュラムなどの枠を作り、そこに自分を合わせられない子どもは切り捨てられてしまう。岡さんは、そうした子どもたちも安心して学べる場所として高校生を対象としたオルタナティブスクールの立ち上げに参画されました。改めて、どんな学校だったのかをお聞かせください。

岡：通信制高校のサポート校の形で、全日制のカリキュラムを組んでいました。立ち上げの際には、今の日本の子どもたちに本当に必要なことは何かを仲間たちと話し合いながら学校を作っていきました。大原則は一人ひとりの子どもの特性に応じてサポートすること。必要であれば授業中にヘッドフォンを着けていてもいいし、つらい時には教室を出て休んでもいいんです。教員の役割としては、「ティーチングはなるべく行わないのがベスト」と考え、子どもたちへのファシリテーションとモチベーションアップの働きかけに集中できるようにしました。

山本：実際に学校を立ち上げてみて感じたことは？

岡：大人が思っているよりも、子どもたちは自分の人生に希望を持っていないのだと感じましたね。「夢がない」と話す子どもがいたり、「どうせ自分なんて」というスタンスに陥っている子どもがいたり。

山本：なるほど……。日本財団が行った『18歳意識調査』でも、日本社会に希望を持つ18歳の割合は非常に低いという結果が出ていました。従来の学校が重視してきたような偏差値を軸とする価値観以外の選択肢を示していかなければ、大人になることへの希望を持つ子どもは増えないのかもしれません。

岡：私自身は、「死なない子どもを育てたい」と思って学校作りに取り組んできたんです。何があってもハングリーに生きてゆける子どもを育てたいと。首都圏では受験の選択肢が豊富にあり、「良い大学に入って良い就職を」という価値観に縛られがちかもしれませんが、私が育った島根県やアメリカは、人の生き方は多様なのだと自然に学べる環境でした。だから私がいた頃は、1カ月まるごと学校を地方に移して学ぶ機会も作りました。そうした場で私の留学経験を話したところ、「小笠原諸島で1カ月を過ごす」という目標を立て、実現した子どももいるんですよ。

山本：学校へ行って着席することだけが正しいわけではないんですよね。学び方は人それぞれでいいはず。コロナ禍を経て、今ではオンライン授業も当たり前になりました。例えば起立性調節障害で朝が苦手な子どもは、時差のある海外の学校のオンライン授業に参加して学ぶのもアリかもしれません。あるいは岡さんの学校が実践しているように、魅力的な地方の街へ行って子どもが学ぶワーケーションのような形があってもいいと思います。

岡：そうですよね。環境が整っていて、選択肢がたくさんあり、どんな道を選んでもいい。そんな学校が日本中に増えていけばいいなと思っています。

山本：日本には独特の学校文化があるのは事実です。単純にハイテックハイの手法を真似することはできないかもしれませんが、日本なりの解釈で考え方を導入することはできるはず。岡さんのように海外での学びを体感した人が、日本らしさをかけ合わせて新しい学び方を実現していってくださることに大きな期待を寄せています。

「教えなきゃ」という先生の義務感

山本：既存の価値観に縛られ、学び方に多様性をもたらすことができない。この問題は冒頭でお話した探究学習でも同様だと感じています。日本の探究学習では、先生が教えてしまう「やらされ探究」が実態になっていることも珍しくありません。結局は教科の型にはめて、調査や発表の流れを子どもたちに詰め込んでしまっているように思うんです。

岡：そうした授業は……あまり受けたいとは思えませんね。

山本：実際、高校生と対話すると「学校の探究はつまらない」と話す子も多いんですよ。なぜなら、先生にやらされるから。教員は教員で、授業の型がないと不安になってしまい、自分の専門分野外にタッチする時には、なおのこと型を求めてしまう。探究の授業を準備する際に「子どもからの質問に対応できないのでは」と不安視する教員も少なくありません。

岡：本来は子どもたちが自由に進めていけばいいはずなのに、学校現場に無駄な負担を生んでいるような気がしますね。

山本：はい。これは考えてみればおかしな話で、そもそも教員がすべてを理解している必要などありません。教員が分からなくても、どんどん子どもたちにやらせればいいんですよ。僕なんかは自然科学分野が弱いので、子どもたちの自由な探究からたくさん学ばせてもらっています。

岡：ハイテックハイの先生たちと同じように、子どもたちと一緒に学んでいるんですね。それこそ夏休みの自由研究のように、子どもたちが自発的に調べたいことを見つけ、好きなように取り組むのが本来の探究であるように思いますが……。

山本：おっしゃる通りです。でも今の日本の学校は、その自由研究を型にはめて全員にやらせようとしている。それって自由でも何でもないですよね。岡さんは、日本の学校に真の意味で探究が浸透するためには何が必要だと思いますか？

岡：先生が「自由に教えてもいいんだ」と思えるような仕組みを作ることだと思います。ハイテックハイで自由な授業スタイルが実現しているのは、先生たちの心理的安全性が確保されており、何かあればすぐに管理職へ相談できる体制が保証されているから。先生は1人で悩みを抱え込む必要はないし、苦手な分野については他の教員の知恵をオープンに借りることもできるんです。この環境があるからこそ、先生が「教えなきゃ」という義務感に縛られることなく、子どもたちと一緒になって素直に学べるのではないでしょうか。

山本：確かに教員の心理的安全性が確保されていることは重要ですね。その体制をもとにしてハイテックハイのように普段の授業から探究型の要素を取り入れられれば、日本の学校も大きく変わるかもしれません。

岡：週に2コマだけ探究の時間を確保しても、他の授業がすべて従来通りの詰め込み型ではあまり意味がないかもしれませんね。

山本：はい。子どもたちは大人から教えられることに慣れすぎていて、何かに疑問を持ったり、自由に問いを立てたりすることがとても苦手になっています。だからこそ自由な時間を与え、時にはサボってしまうことも含めて、いろいろと経験することが大切なのだと思います。探究の時間だけ探究するのではなく、普段の授業でも子どもたちが探究する。そんな学校を実現していきたいですね。

岡 佑夏（おか・ゆか）

教育デザイナー。島根県出身。高校在学時にＰＢＬで学ぶアメリカのチャーター・スクール・ハイテックハイへ交換留学。いつかこんな学校を日本にも創りたいと教育に興味を抱く。語学学校のカウンセラーや小中学生向けの野外教育プログラムの運営を経験。２０１８年より、オルタナティブスクールの立ち上げに参画。事務局長、校長を歴任。現在はさとのば大学とSTEAM JAPANに所属し、さまざまな学校のカリキュラムデザイン、探究授業の設計に携わっている。

第6章

「学べる」子は社会に出ても活躍できる

対談：植松　努（株式会社植松電機 代表取締役社長）

「どうせ無理」が子どもの夢を潰す

僕が植松努さんを初めて知ったのは、2014年に行われたTED Talk Sapporoでの「思うは招く」というプレゼンテーションの動画でした。そこで植松さんは、世の中から「どうせ無理」という言葉をなくしたいと強く訴えていました。

当時、僕は中高一貫校で働いており、大学入試を目標とした学力偏重の教育の中で、「どうせ無理」と言って夢をあきらめる子どもたちを多く目にしていました。だからこそ、子どもたちが自由に夢を語り、その夢を実現するための一歩を踏み出すことを応援する植松さんの言葉は、僕の心に深く響いたのです。

すぐに生徒たちと一緒に植松さんの動画を視聴しました。その中で植松さんは、子どもの頃に「潜水艦やロケットを作りたい！」という夢を語った際、小学校の先生から「東大に入らないと無理だ」「とんでもなくお金がかかる。お前にはできない」と否定された経験を話していました。この話に共感する生徒たちは多く、彼らは動画に引き込まれていきました。植松さんが「『どうせ無理』と言う大人は『やったことのない人』だから、そんな言葉は気にする必要はない、夢を実現したければ『やったことがある人』に聞けばいい」と話すと、生徒たちはその言葉に背中を押されているように見えました。

その後に行った面談では、生徒たちが安心して夢を語るようになったことを覚えています。それ以来、どの学校でも僕はこの動画を先生や生徒たちと何度も見てきました。植松さんの言葉に救われるのは、生徒だけでなく、先生も同じです。涙を流す先生もおり、子どもも大人も、夢をあきらめさせる言葉に苦しんでいるのだと感じました。

「教えない授業」や生徒主体の授業を広げようとすると、一部の学校では「どうせうちの生徒には無理」という風潮があると気づくことがあります。生徒が自分で考え、主体的に学ぶためには、失敗が許される心理的安全性が重要です。「どうせ無理」という言葉は、その安全性を壊してしまいます。だからこそ、子どもたちが安心して学びの一歩を踏み出せるように、植松さんの考えが広まることが必要だと思っています。「教えない授業」では、「できないをどうやってできるに変えるか」をともに考え、時には待ちながら子どもたちの可能性を信じることが欠かせないのです。

「教えない」ロケット教室

僕があこがれの植松さんと実際に出会ったのは、工藤勇一さんが校長を務めていた麹町中学校での講演会でした。工藤さんから「今度、植松努さんが麹町中学校に来るよ」という連絡をもらい、どうしても会いたくて時間割を調整して駆けつけました。校庭で、工藤さんと植松さんが麹町中学校の生徒たちと一緒にロケットを打ち上げる姿を見た瞬間、2人が日本の未来を見据えているようで、「日本の教育も本当に変わるかもしれない」と感じたのを覚えています。

植松さんは、全国の子どもたちにロケット教室を提供しています。北海道の植松電機には毎年100校ほどが修学旅行で訪れ、植松さん自身も多くの学校を訪問してロケット教室を行っています。

実は、このロケット教室は「教えない授業」の一例です。植松さんは「作り方は教えないよ」と言って始め、「こうしなさい」「ああしなさい」は一切言いません。むしろ、「好きに作っていいよ。時間も自由だし、トイレや水を飲むのも自由だよ」と言います。普段、先生から細かく指示を受けている子どもたちは、解放されたように笑顔で手を動かし始めます。

やがて、やり方が分からなくなったり、手が止まったりする子どもが出てきます。この時、植松さんは「分からなかったら調べればいいいんだよ。まずは説明書を見ればいい。カンニングもし放題。分からなければ誰かに聞いてみて」と自分で動くことを促します。こうして、問題を解決するのは自分自身だという自覚が生まれ、子どもたちは自然に「自分はこうした」「私はこうやってみた」

麹町中で行われたロケット教室の様子。植松努さん（左）と工藤勇一さん（右）（提供：山本崇雄）

と互いに見せ合い、学び合いを始めます。これが「教える」ことを手放す教育の力なのです。

失敗の概念をポジティブに変えていく

それでも手が止まってしまう子がいます。その子は「失敗を恐れている」子です。植松さんは「失敗を恐れる人たちは、本当は失敗そのものを恐れているのではなく、失敗によるマイナスの評価を恐れている」と考えています。ですから、学歴が高くなればなるほど、失敗を恐れ、作業が遅くなるといいます。ロケットを一番早く作るのは、経験豊かな大人ではなく、失敗を恐れない小学生なのです。

植松さんは、子どもたちに失敗の概念を変えたいと考え、講演ではよく次のような話をしています。植松さんによると、失敗しない秘訣が3つあると言います。

①何もしない

②できることだけやる
③誰かの言う通りにする

確かにこれでは失敗はしないかもしれませんが、成長しそうにありませんよね。するとと子どもたちは考えます。成長するためには、この逆をやればいいんだと気づきます。

自分で考えて、できないことに挑戦してみること。

例え失敗したとしても、こっちの方が成長しそうだと子どもたちは感じます。まずはやってみて、失敗したらやり直せばいい。最後までやり遂げたら、失敗は「いい経験」になるわけです。「教えない授業」で心理的安全性を高めるには、失敗の概念をポジティブに変えていくことが不可欠です。

「大人はうそをつく」と思われたくない

工藤校長退任後も、植松さんは「僕は横浜創英の応援団だよ」と言って、毎年、横浜創英の子どもたちのために講演をしに来てくれています。その姿から、授業をすることへの準備と覚悟を毎回感じます。

植松さんは、講演の時、いつも大きなリュックを担いで来校します。「持ちましょうか」と言うと「腰を壊しますよ」と笑顔。20kgもあるそのリュックには、講演で使うパソコンやケーブルだけでなく、プロジェクターまで入っています。

「だって、機械は故障するものだから。講演を成功させるにはバックアップは大切だよ」と言いながら、植松さんは軽々とリュックを背負うのです。講演会場でも、子どもたちはそのリュックに興味津々。持ち上がらないリュックの中身を知り、子どもたちは植松さんのこの授業にかける思いを知ることになります。

植松さんが講演で伝えたいことの軸は毎年変わらないのですが、話の入り口や展開などは毎回ブラッシュアップされていきます。話の冒頭には植松さんの好きなアニメやゲームを、その時の子どもたちに合わせて準備。車のレースのゲームのために、レーシングカーそのものの挙動を感じる椅子とハンドルを製作し、ゲーム専用のコクピットまで作ってしまう。そんな、大人になっても好きなことを追求する植松さんの姿に子どもたちはワクワクします。フォントの大きさや色へのこだわりにも、すべての子どもたちに伝えたいという植松さんの思いがあふれているのでしょう。

休憩時間などに子どもたちに囲まれると、植松さんは連絡先の交換や写真撮影にどんな時も笑顔で対応してくれます。そして、子どもたちからのメッセージには必ず返信するそうです。

「子どもに『大人はうそをつく』と思われたくないんだよね」

どうしてもサインが間に合わない時は、後日そんな言葉とともに、丁寧に梱包されたサイン色紙が人数分送られてきたこともありました。きっと子どもたちはその色紙を見るたびに、夢をあきらめないことの大切さを思い出すに違いありません。

植松電機の人材育成「5つの秘密」

2023年7月、僕は初めて北海道赤平市にある植松電機の社屋を訪問しました。植松電機がマグネット（電磁石）の製造販売から始まり、現在ではロケット開発まで手がけていることは多くの人に知られています。しかし、実際に訪れてみると、そこではもっと多様な人々が多様な仕事を生み出していることが分かりました。本業のかたわら、医療機器の開発や南極で使うソリの開発を手がけ、さらには漁師さんと協力してホタテの養殖研究も進めているといいます。

広大な敷地内で、社員の皆さんは楽しそうに働いています。高校卒業後に植松電機に就職したある女性社員は、ロケットの設計を楽しそうにしていました。彼女に話を聞くと「高校時代は数学や理科が苦手で成績も芳しくなかった」と言います。それでも今は、ロケットの設計に携わっているのです。彼女は笑顔でこう続けました。

「ロケットの設計をするために関数なども使いますが、学校時代には全く理解できませんでした。でも今はロケットの設計をしたいので、自分で学び始め、数学や物理が楽しいと思えるようになりました」

ロケットの設計は、理系の大学に進み、高度な研究を行った人だけができるものだと思っていた僕には、衝撃的な光景でした。

植松電機は理系の分野での採用が多いかと思いきや、植松さんが採用で重視しているのは「やる気のある素人」だと言います。ですから、文系の高卒の人材も採用するわけです。植松さんによると、大学で優秀な成績を収めていた学生の多くは、失敗を恐れたり、専門分野以外のことに挑戦したがらなかったりする傾向があるそうです。新しいことをお願いしても「それは私の専門ではありません」と断られてしまうことが多いとか。

一方、文系の高卒であっても、やる気のある人材はどんなことも「どうやればいいですか」と質問し、挑戦し、失敗から学んで成長していくといいます。彼らは次第にできなかったことができるようになり、最終的にはロケットの設計まで手がけられるようになるのです。

植松電機でこのような人材が育つ理由は、以下の5つのポイントにあります。

①　部署や役職がない
②　ペナルティがない
③　ベーシックインカムを導入
④　目標稼働率30％
⑤　「やりたいことをやろう」という精神

一見すると自由すぎて「放任」にも思えるかもしれません。しかし、この環境でも人々が自律して働けるのは、「幸せ」の捉え方が鍵になっているからだと感じます。

誰かの「困った」を解決することで、その人が幸せになり、その幸せが周囲にも波及します。周りの人が幸せにならなければ、自分も幸せにはなれないのです。植松電機では、誰かの困りごとを解決するために学び、働くことに幸せを感じる社員が多いのだと感じました。だからこそ、自由な環境の中でも自律して動けるのです。「教えない授業」でも同様に「教え合い」「助け合い」が自然と生まれます。誰かに教えることでその人が幸せになり、自分の理解も深まるため、自分自身も幸せになれます。

大人も子どもも「教えない」ことで主体性が生まれます。植松さんは「植松電機では教えません。学ぶ場を提供しているだけです」と話します。社員には、「何を作るか」よりも「どうやって学ぶか」が求められています。新人研修でも、作業手順書を渡すだけで具体的な指導はせず、自分で学び、チームとともに成長する姿勢を重視しています。失敗を恐れず挑戦する風土が、企業の成長と、個々の自己実現を支えているのです。

こうして植松さんは、子どもたちだけでなく、大人たちにも「学ぶ力」を育てる考えを広げています。子どもたちが夢を持ち、それに向かって一歩を踏み出せるよう、「どうせ無理」と言わずに支援することの大切さを、植松さんから学ぶことができます。

植松さんとの出会いを通じて、子どもたちが夢をあきらめることなく挑戦し続ける姿を見守り、支えていく覚悟が、僕たち教師にも求められていると感じています。

対談

「教えない会社」から生まれる自律した人材

北海道の植松電機を訪れて以来、僕は現地で出会った社員の皆さんの楽しそうな笑顔が頭に焼き付いて離れませんでした。自由な社風の中で新たなアイデアを生み出し、一人ひとりが自律し、責任を持って働いている。僕たちが学校という場を通じて担っているのは、まさにそんな人材を育成していくことではないでしょうか。植松さんとの待望の対談では、自律した個人を育てる植松電機の人材育成・組織論をじっくりと聞かせてもらいました。

〝素人の領域〟に挑戦したから生み出せたアイデア

山本：植松さんは僕のあこがれの人で、こうして対談させていただけることを本当にうれしく思います。植松さんといえば、「思うは招く」をテーマにしたＴＥＤトークが国内外で話題となり、YouTube 動画は８００万回以上も再生されています（２０２４年11月現在）。あの動画で植松さんの思いに触れ、感銘を受けた子どもも多いのではないでしょうか。

植松：僕は企業を経営する経済界の人間です。そして企業は、子どもたちの教育の先にある最終的な受け皿となるべき存在だと考えています。そんな思いが少しでも伝わるとうれしいですね。

山本：この対談では植松さんの考えを掘り下げ、人材育成をテーマに語り合いたいと思っています。植松さんは実際に会社を経営する中で、企業が抱える問題点をどのように感じていますか？

植松：日本では明治維新後から平成に入る頃まで人口が右肩上がりにどんどん増えていきましたが、平成の中頃以降は一気に減少に転じています。この急減少がもたらす事態に気づいていない経営者がとても多いと感じますね。多くの企業ではいまだに「プラス成長こそが正義である」という考え方が根づいています。これが日本をまずい方向へ進ませているんです。

山本：僕が子どもの頃には、学校でさんざん「努力して暗記することが何より大事なのだ」と教えられました。今もほとんど変わっていないかもしれません。学校もまた、プラス成長こそが正義だとする考えから抜け出せていないように思います。

植松：人口が増えている時代はそれで良かったんです。とにかくモノが足りないから、作れば作るほど売れる。よその会社の人気製品を真似してひたすら作っているだけで儲かったわけですね。だから、言われたことだけを努力して頑張る人を育てれば良かったのでしょう。だけど人が減っている時代は、良いモノを作るだけではなく、新しいアイデアを生み出していかなければ生き残れません。他社から安い製品が出ればすぐに負けてしまいますから。

山本：植松電機に入社する新入社員の方々には、新たなアイデアを生み出すための秘訣をどのように教えているんですか？

植松：会社の仲間たちには「自分がこれまでやったことのない〝素人の領域〟に挑戦したほうがいいよ」と伝えています。僕たちは従来とはまったく違うタイプの人工衛星を作っていて、過去の事例や文献を頼ることもできずに自分たちで模索してきました。結果的にはそれが良かった。僕たちは業界のことを知らない素人だったから、新しいものを作ることができたんですよ。

山本：植松電機は現在ではロケット開発企業としても有名ですが、もともとはマグネットを作っていたんですよね？

植松：そのマグネットも素人だったんです。1999年まで、植松電機は僕と父の2人だけで営む個人事業で、細々と自動車の電機部品を修理していました。でも時代の変化の中でみるみる仕事がなくなっていき、やむを得ずマグネットを作り始めました。

山本：マグネット製造においても、素人だからこそできたことがあるのでしょうか。

植松：マグネットは一般的に、サイズを大きくし、重量を増やして電気をたくさん食べさせることで機能を強化できます。そんな製品が従来の常識でした。でも僕たちが顧客としているリサイクル業界ではこんな大型のものは必要ない。そこで僕たちは小さくて軽いマグネットを作ったんです。素人だったからこそ常識にとらわれず、人々の役に立つものを作れたんでしょうね。誰もやったことがないこと、かつ社会にとってプラスになることに取り組み、世の中にある悲しみや不便を真剣に解決しようとすれば、仕事は自然といただけるようになるのだと思います。

山本：僕は個人的に、植松電機の社員の皆さんが総出で「かまくらを作った」エピソードが大好きです。

植松：北海道民は普段、かまくらを作ろうなんて思わないんですよ。でもある時、九州出身の仲間が「かまくらを作ってみたい」と言い出したんです。それも20人ほどが入れる大きさのものを。じゃあどうしようかと考え、普通に雪を掘るのではなく、ロータリー除雪車を使って雪を固めてみました。そうすると固くなりすぎてカチカチになり、簡単に掘れない状態になってしまった。結果、誰に指示されたわけでもないのに仲間のみんながいろいろな道具を持ち出し、昼休みの時間を使って、氷点下20度の屋外で巨大なかまくらを完成させました。

山本：このエピソードこそまさに、「やってみたい」を大切にして「やったことのないことに挑む」植松電機の情熱を表しているのかもしれませんね。

子どもは、うそをつく大人の姿をじっと見ている

山本：植松電機には、修学旅行などで毎年たくさんの子どもたちが訪れていますよね。

植松：はい。年間でいえば1万人を超えるんじゃないでしょうか。

山本：子どもたちの様子を見ていて、気になることはありますか？

植松：みんな、とてもおとなしくて素直ですね。でもそれは良い意味だけではなくて、中

には目に生気が宿っていないような、うつろな表情をした子どももいます。そんな子どもがいる学校は、先生にも特徴があるんです。先生が朗らかで笑顔の学校は子どもたちに生気があるけど、「ちゃんと並びなさい」「静かにしなさい」など、厳しくガミガミと指導している先生がいる学校の子どもは大抵、生気がありません。これは本当に不思議に思うんですが、学校によってはやたらと「整列」「号令」にこだわりますよね。見学後にも子どもたちをきれいに並べて、判で押したようなお礼の言葉を述べさせる。1週間やそこらで考えたであろう言葉を暗記させ、その通りに言わせることに何の意味があるんでしょうか。

山本：そうした学校では、教員が信じる型に子どもたちを無理にあてはめてしまっているのかもしれませんね。実際に企業訪問などの準備をする際、教員がお膳立てをし過ぎている場面を目にすることも少なくありません。電話のかけ方やあいさつの仕方一つとっても「こうしなさい」「ああしなさい」と丁寧に教えているので、結果的にみんなが判を押したようなことしか言わないんです。

逆にそうした事前インプットをまったくせずに送り出した子どもたちは、訪問先で忙しい時に社員さんに話しかけて怒られたり、口の利き方を注意されたりすることもあります。結果的に後者のほうが、子どもたちにとってはリアルな社会を学べる機会になっている気がします。

植松：先生があれこれと関わりすぎるシーンは、僕が学校で行う講演でも目にしますよ。熱心に僕の話を聞いてくれる子どももいれば、中にはうつむいてウトウトしている子もいます。そうすると先生が目ざとく見つけて、歩き回りながら子どもをつつくんです。でもよくよく見ていると、講演中に眠っているのは子どもだけじゃない。先生の中にもウトウトして頭が下がっている人がいますよ。僕がつつきに行ってあげたいくらい（笑）。そうした先生の姿も、きっと子どもたちは見ていますよね。

山本：そう思います。僕たちが思っている以上に、子どもは大人の姿をしっかりと見ていますから。

植松：子どもにほしいものをねだられて「ウチにはお金がないからダメ」と言いながら、自分は高いお酒を買っている。そんな親の姿も、子どもはじっと見ているんでしょうね。そして子どもは「大人はうそをつく生き物だ」と知り、大人を信頼しなくなってしまう。

山本：小学生くらいでそうなってしまった子どもは、中学校へ進んでもなかなか大人を信じず、教員にもしょっちゅう反発します。大人は、うそをつかない誠実な姿を見せなければいけないんですよね。

植松：そう言えば以前こんなことがありました。ある小学校で、子どもたちと一緒に手作りロケットを作る教室を開催した際の話です。当日はあまりにも風が強く、ロケットを飛ばすことができそうになかったので、開催を断念せざるを得なかったんですね。子どもたちには「また来週来るね」と言って帰りました。それで翌週、再び小学校を訪れたら、ある女の子が僕を見て「うそをつかない大人がいた！」と声に出して驚いていたんです。

山本：きっとその女の子は、世の中には「また今度ね」と言って約束を守らない大人ばかりだと思っていたんでしょうね。

植松：そう思います。大切なのは子どもと大人が対等な関係であること。大人同士が仕事で関わるのと同じ責任感を持って子どもと接するだけでも、学びの場は変わるんじゃないでしょうか。それに、子どもたちから学ばせてもらうこともたくさんありますよ。最近で言えば、テクノロジーやツールの話などは子どもたちのほうが僕たちよりもよほど詳しい。僕はX（旧ツイッター）の使い方も子どもたちに教わりましたからね。

山本：植松さんに横浜創英へお越しいただき、講演していただいた際にも、とても自然な形で誠実に子どもたちと接する姿が印象的でした。

植松：あの後、横浜創英の生徒さんたちにはLINEグループを作ってもらいました（笑）。

山本：植松さんが子どもたちを大切に思って言葉を届け、上から目線ではなく本当に対等に接しているからこそ、子どもたちも安心して植松さんと話せるのだと思います。

やりたいことは、たくさんあったほうがいい

山本：一方、今の日本には画一的な教育の枠組みの中で苦しんでいる子どもたちもいます。

受験競争もそうです。子どもたちは一本道で大学まで進むことが当たり前だと言われ、文系・理系に区分されて、大人になってもとらわれています。

植松：受験のために理系と文系を区分するのは本当に良くないと感じています。スーパーサイエンスハイスクールで学んでいる子どもたちに接すると、みんなとても優秀で、「うちの会社にも来てくれないかな」と本気で思いますよ。でも先生方からは「尖った授業ばかりやっていると大学受験に対応できない」という話も聞くんです。企業が本当にほしいと思える人材が育っているのに、大学受験を理由にその教育をやめてしまうのはおかしいですよ。

山本：子どもが自発的に興味を持っていることに対して、親や教員が「それは受験に関係ないよ」と言ってしまうこともあります。逆に、受験に関係のなさそうに見えることを授業でやると、「それは受験に関係しますか」と聞く生徒もいます。

植松：小学生くらいまでの子どもは、いろいろな物事に価値を見いだし、関心を持ちますよね。でも中学生になると次第にそうした興味・関心を否定され、すべてを受験という枠組みの中で考えてしまうようになる。結果的に子どもたちは、自らの興味を育てることをやめてしまうんです。

山本：子どもたちの中には、「内申点を稼ぐために部活をやめることができない」という子もいます。１つの部活動をやりきることが内申書で高く評価されると言われているからです。確かに何かを最後までやり遂げるのは素晴らしいことだと思うのですが、その価値観に重きを置きすぎて、途中でやめることが良くないと思う教員は少なくありません。でも、やりたいことがたくさんあるのはいけないことなんでしょうか？

植松：そうは思いません。むしろ、やりたいことがたくさんあったほうがいいですよね。世の中には「一生懸命」の意味をはき違えている大人が多すぎると感じます。考えてみてください。自分が既婚者だとして、配偶者から「あなたは仕事と家庭のどちらが大事なの？」と問われ、本当にどちらかだけを選んでしまったらアウトじゃないですか。１つのことだけを一生懸命やるのが素晴らしいというのは根本的に間違っています。それこそ大人になれば、やらなきゃいけないことなんてたくさん出てくるわけですから。

山本：そう考えれば、いろいろなことに同時に取り組む力こそが大事なんですよね。子どもたちを見ていると、「いったんはサッカー部に入ったけどやっぱり野球がやりたい」「部活を続けたいけど音楽もやりたい」など、やりたいことを両立できなくて悩んでいる姿にもよく出会います。本当はサッカーをやりながら野球や音楽もやっていいはずなのに。

植松：それこそ遊びや趣味の領域も立派な産業であり、それで食べている人もたくさんいますからね。でも大人たちは遊びや趣味を害悪と捉え、「仕事は嫌なことを我慢するからこそお金がもらえるのだ」と教えてしまう。我慢は美しいものなのだと言われれば言われるほど、夢のない子どもが増えてしまう。

　もっとおそろしいのは、命令されなければ何もできない人が増えてしまうことです。確かに大人たちの中には、我慢して仕事を続けている人が多いのかもしれない。でも本当は我慢するのではなく、嫌なことを強いる状態や環境を改善しなきゃいけないんですよ。

山本：勉強も同じで、学ぶのが苦しいなら、楽しくするための工夫をすればいいと思うんです。教員に言われた通りにやるのが苦しいなら、自らでやり方を変えればいい。例えば板書を一生懸命にノートに写しても何も覚えられないけれど、スマホやタブレットで写真を撮り、そこにソフトウェアで自由に追記することで覚えられるという子もいます。そうやってワクワクしながら問題を解決していければ、勉強への向き合い方も変わるはずです。

植松：一番いいのは、前の年に授業を受けた子どもたちにカリキュラムを作ってもらうことですよ。自分たち自身が学んでいるから、どこでつまずきがちになるかも分かるはず。大人が教えるというスタイル自体、もうやめたほうがいいのかもしれません。

山本：ロケット教室でも、植松さんは子どもたちに一切教えないですよね。どんなふうに進めるんですか？

植松：最初に「僕は教えないからみんなで頑張ってね」と言います。併せて「分からないことは恥ずかしいことじゃないし、どんどん調べればいいよ」とも伝えます。調べても分からなければ他の人のやり方をカンニングしてもいい。大切なのは、見て聞いて分かったことを自分の言葉で話すこと。そんなスタンスで教室を進めると、子どもたちはワイワイガヤガヤと楽しそうに学んでいきますよ。

自分にできることをつなげていけば、唯一無二の存在になれる

山本：植松さん自身は、中学生や高校生の頃からやりたいことがたくさんあったんですか？

植松：はい。僕のオフィスは本だらけなんですが、それは子どもの頃から、読んだ本を一切捨てずに保管しているからです。飛行機や昆虫、化石、漫画の描き方など、ありとあらゆるジャンルの本があります。僕は小さな頃からいろいろなことに興味が向いて仕方がない子どもでした。知らないことが分かるようになる、というのが本当に楽しくて。

山本：理想的な学びのあり方ですね。

植松：うちの会社の仲間たちも似たようなところがあります。植松電機は30名ほどの小さな組織ですが、いろいろな部活があって、どんどん増え続けています。1人当たり3～4つの部活を掛け持ちするのも当たり前。音楽バンドも6つ結成されていますね。

山本：すごい（笑）。皆さん、やりたいことに貪欲に取り組んでいるんですね。子どもたちにも、やりたいことを全部両立するための方法を考えられるよう問いかけたいと思います。

植松：そう言えば、植松電機に見学に来る子どもたちに趣味を聞くと、「サッカー部で県大会の何位まで行きました」など、成果が伴っているものだけを話す子が多いです。誰かから評価されたものでなければ、趣味や特技として話してはいけないと思い込んでいるのかもしれません。なぜ他の人の評価を気にしてしまうんでしょうか。人間はみんな遺伝子が違うんだから、他人と自分を比較しても意味がないのに。

山本：突き詰めていけば、テストの点数で比べる制度自体が必要ないのかもしれません。

植松：そう思います。子どもたちをふるいにかけるためではなく、すべての子どもが輝けるようにするために教育が存在するはずですから。僕は他人の評価ばかり気にしている子に出会ったら、唯一無二の存在になれる方法を教えてあげているんですよ。

山本：唯一無二の存在になれる方法？

植松：はい。例えば「足が速い」だけでは他人との比較になってしまいますが、「足が速くて歌もうまい」とか、「歌がうまくて料理もできる」など、自分にできることをどんどんつなげていけば唯一無二の存在になれるんです。

山本：素敵な考え方ですね。自分が必要とされる機会に出会うためにも、やりたいことや挑戦したいことはたくさんあったほうがいいし、どんどんやってみればいいということですよね。一見すると無関係なところから新しい価値が生まれることもあるわけですから。

植松：僕の会社にもいろいろな人がいて、同じ人は1人もいません。みんなでこぼこがあって、補い合っているからこそチームが成り立つんです。ほら、昔から戦隊ヒーローのチームには、さまざまな強みを持つメンバーがいて協力しあっているじゃないですか。子どもたちも大人たちも、置かれている状況は同じなんですよ。

植松 努（うえまつ・つとむ）

子どものころから紙飛行機が好きで宇宙にあこがれ、大学で流体力学を学び、名古屋で航空機設計を手がける会社に入社。1994年に北海道に戻り、父が経営する植松電機に入社。産業廃棄物からの除鉄、選鉄に使うマグネットの開発製作を手がける。また「ロケットの開発」「微少重力の実験」「小型の人工衛星の開発」「アメリカ民間宇宙開発企業との協同事業」の4つの宇宙開発を軸に研究開発を進める。全国で企業研修や講演活動、学校における体験学習などを行い、可能性を広げることの大切さや若い世代に夢を与える活動にも力を入れている。

第7章

AIが支える子どもの「選択する力」

対談：神野元基（Qubena開発者）

学習時間を大幅に短縮したＡＩ教材「Qubena」

僕が神野元基さんの名前を初めて知ったのは、当時高校生だった息子が「ＡＩ教材を作っている面白い人がいるよ」と、ある記事を教えてくれた時でした。その記事では、ＡＩ教材「キュビナ（Qubena）」が紹介されており、これが生徒一人ひとりに合わせた最適な学習体験を提供するために開発されたツールだということが書かれていました。

その後、キュビナを使用した実証実験が２０１８年から麹町中学校で行われ、このＡＩ教材の学習効果が全国的に知られるようになりました。経済産業省が協力したこの実証実験は数学の授業で実施され、学習時間の短縮が報告されました。中学１年間の数学の標準的な授業時間は合計１４０時間ですが、数学が苦手な生徒でも約70時間で1年分の内容を終え、成績上位の生徒はその5分の1の時間で修了。中には、中学1年生で中学3年生や高校1年生の単元まで進んだ生徒もいたそうです。

神野さんは教材開発だけにとどまらず、未来の教育を形作る活動を積極的に展開しています。2022年には佐賀県の東明館中学・高等学校の理事長兼校長に就任し、「最速でSociety 5.0に対応した学校を目指す」と掲げて、未来を見据えた学校作りを進めています。今では、キュビナの開発者というだけでなく、同じ教育者として学校のあり方や自律学習について意見交換を行うようになり、それが今回の対談につながりました。

「与える教育」では「選択する力」は育たない

僕が実践している「教えない授業」は、従来のように教師が一方的に知識を伝える「与える教育」とは異なり、生徒が自ら考え、主体的に学び、行動する力を育てる教育方法です。特に重要なのは、生徒が「自分で学び方を選ぶ」こと。この「選択する力」は、テストの点数といった認知的能力とは異なる、経験を積み重ねることで養われる「非認知能力」に属します。しかし、従来の一斉教授型の授業では、教師が学び方を決めるため、生徒が選択する機会が十分に与えられていませんでした。その結果、僕は「与える教育」では「選択する力」を育てることが難しいと考えるようになりました。

これからの社会で生き抜くためには、生徒が自ら目標を立て、適切な学習方法を選択できる「戦略的学習力」が極めて重要です。そのため、多様な学びの選択肢を提供することが、生徒の学びの質を向上させるために不可欠となります。「教員から教わる」「教科書を読む」といった従来の方法に加え、「動画で学ぶ」「ＡＩ教材を使う」などの新たな選択肢が加わることで、生徒の自律的な学びがさらに促進されます。

キュビナは、学習者が「教わる」から「学ぶ」へ転換できるように意識して設計されており、生徒が自ら考え、答えのない問いに挑戦する「未来を生き抜く力」を育てることを目指しています。この理念は、僕が追求する「教えない授業」の目指すところでもあります。

ただし、キュビナのようなＡＩ教材が手段として単に提供されるだけでは、生徒の自律的な学びは実現しません。これらの教材は「教えない授業」のように、生徒主体の授業デザインに組み込まれて初めて相乗効果を発揮します。どれほど優れた教材であっても、学習者自身が主体的に選び、活用する仕組みがなければ効果は限られます。この点で、「教えない授業」とキュビナの組み合わせは非常に相性が良いと感じています。

子ども一人ひとりに対応できるＡＩ教材

キュビナには、教員の役割を補完するだけではなく、さらに多くの力を発揮することが期待されています。開発者の神野さんは塾での指導経験を通じて、一人ひとりが自分のペースで学ぶには、教員１人では対応しきれないことを痛感したと言います。

まず、教員が生徒全員の学習進度や理解度に合わせて個別に教えることには限界があります。さらに神野さんは、子どもたちが朝8時から学校に通い、部活を終えた後も夜遅くまで塾で勉強するという忙しすぎる現実にも直面しました。そんな中で、未来について考える時間がないことに気づき、「もっと効率的に学べる仕組みがあれば、未来を考える余裕も生まれるのでは」と思い至ったのです。これがキュビナ開発の決意につながりました。

僕がキュビナを実際に授業に取り入れて感じるのは、キュビナのＡＩ技術は、教員が対応できない部分に踏み込んでいるという点です。主に次の４つの点で力を発揮すると考えます。

①「まずはキュビナ」——学習を始める最初の一歩を支える

勉強が苦手な子にとって、一番難しいのは勉強を始める最初の一歩を踏み出すことです。いったん集中して勉強を始めてしまえば次の学習につなげることができるので、その「最初のハードル」を下げることが非常に重要となるわけです。キュビナは日常的に使い慣れたスマートフォンやタブレットを活用して、簡単に学習を始めることができるため、直感的な操作でスムーズに勉強に取り組めるようになっています。これにより、勉強を始める最初の一歩がぐっと踏み出しやすくなるのです。授業の最初に、「まずはキュビナに取り組んでみよう」と投げかけると動き出す生徒が出てきます。行動してしまえば、その後に思考が追いついてきます。

②一人ひとりの違いに合わせる学習

キュビナは特許技術を活用し、子どもたち一人ひとりに最適な問題を自動的に出題します。これにより、各生徒の進度や理解度に合わせた学習が可能です。1クラス30〜40人のクラスですべての生徒に教員がこのような対応をすることはできません。また、紙の教材を複数用意しても、子どもが適切に選択して学習できるとは限らないので、キュビナほどの学習効率は期待できないでしょう。

③リアルタイムでのフィードバック

フィードバックは次の行動を起こすために重要です。何ができていて、何ができないかを把握し、「できない」を「できる」に変えるためのアクションを起こしていく。目標に向け、メタ認知し、学習方法を選択していく流れです。自律した学習者は、このサイクルを上手に回しながら主体的に学びます。

しかしながら、一人ひとりの学習履歴を把握し、個別に適切なフィードバックをすることは、生身の教員には限界がありました。一方キュビナは、問題を解いた直後にＡＩがフィードバックを提供し、生徒が自分の理解度をその場で確認できます。学習者が自分の立ち位置を知ることは、自律した学びを起こすためにとても重要です。

④時間と場所を選ばない学習環境

部活や習い事で忙しい生徒にとって、勉強する時間を確保するのは簡単ではありません。僕の教え子たちも、バスや電車の中で参考書を読んだり、単語帳を覚えたりしていましたが、キュビナはこうした隙間時間をより効果的な学習時間に変えてくれます。キュビナはオンラインで提供されているので、時間や場所を選ばず、どこでも学習を進めることができます。これにより、生徒は学校だけでなく、自宅や移動中など、どんな状況でも学習を続けられるのです。一斉教授型の授業では教員が主導し、指示を出すために教室に全員が揃っていることが必要でしたが、キュビナなら、たとえコロナ禍のような感染症で学校が休校になったとしても、どこでも同じ質の学びを提供できるのです。

これらのことをすべて1人の教員が支援するとなると、膨大な時間と労力がかかってしまいます。しかし、キュビナのようなＡＩ教材は、問題の作成、採点、進捗管理といった教師の業務を自動化することで、教師が生徒一人ひとりに対して支援するための時間を生み出してくれます。これまで「教える」ために費やしていた多くの準備時間が短縮され、教員はその分、子どもたちが主体的に学ぶためのサポートにより多くの時間を使えるようになるのです。

これは「教えない授業」に限らず、キュビナのようなＡＩ教材がもたらす大きな副次的効果だと言えるでしょう。子どもたちの学び方を大きく変え、彼らが自律的な学びを促す大きなきっかけになるだけでなく、教員の働き方をも大きく変えてくれるのです。

子どもの成長の把握の助けになる

現行の学習指導要領では、「知識・技能」「思考力・判断力・表現力」「主体的に学習に取り組む態度」の３つの観点別評価が求められています。しかし、これらを客観的に評価することは非常に難しく、ペーパーテストの回数を増やしたり、スピーチなどの実技テストを取り入れたりなど、教員にとって大きな負担となっているのが現状です。

特に、日々の学びの中で子どもの成長を把握し、正確に記録するには時間と労力がかかるため、教員の長時間労働の一因となっています。

そこで新渡戸文化中学校では、2021年にキュビナが記録している日々の学習ログから観点別評価ができないか、実証実験を行いました（経済産業省「未来の教室」実証事業）。

具体的には僕が当時英語を教えていた中学校2年生の生徒を対象に、キュビナを通じて得られた学習ログから自動的に行った評価と、僕がペーパーテストで手動で行った評価の差を比較したのです。

結果、「知識・技能」に関して、キュビナの学習ログによる評価と僕が行った通常テストによる評価の相関係数が【0・9】を超える結果となり、強い相関を見いだすことができました。この結果は、日々アップデートされる個々の学びの最終学習歴を、テストをすることなしに評価できる可能性を示唆しています。

テストそのものは自律的な学びの共通目標として学びのマイルストーンにすることができるので、単純にテストをなくすことはできないでしょう。しかしキュビナを併用することでテストの回数を減らしたり、テストそのものをキュビナで作成したりと、教員の負担軽減につなげられる可能性は大いにあります。

Qubena学習ログによる評価と通常テストの結果比較

Qubena学習ログによる評価

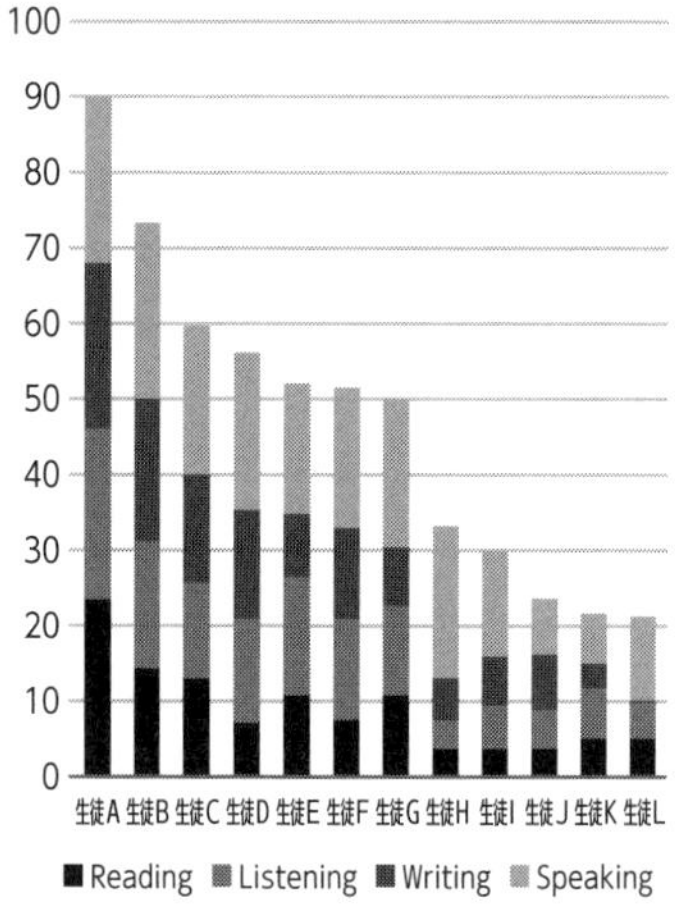

通常テストの結果

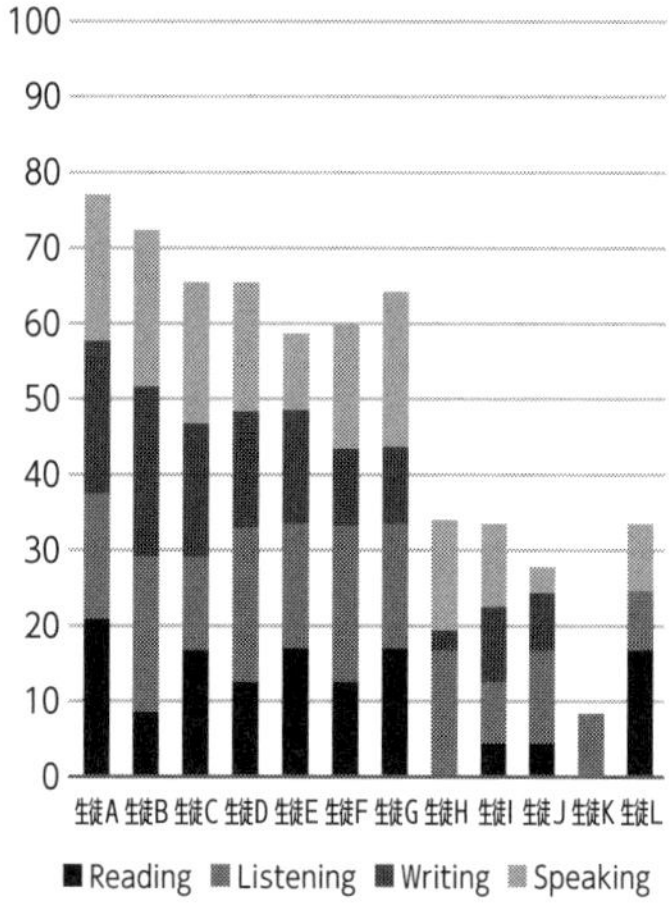

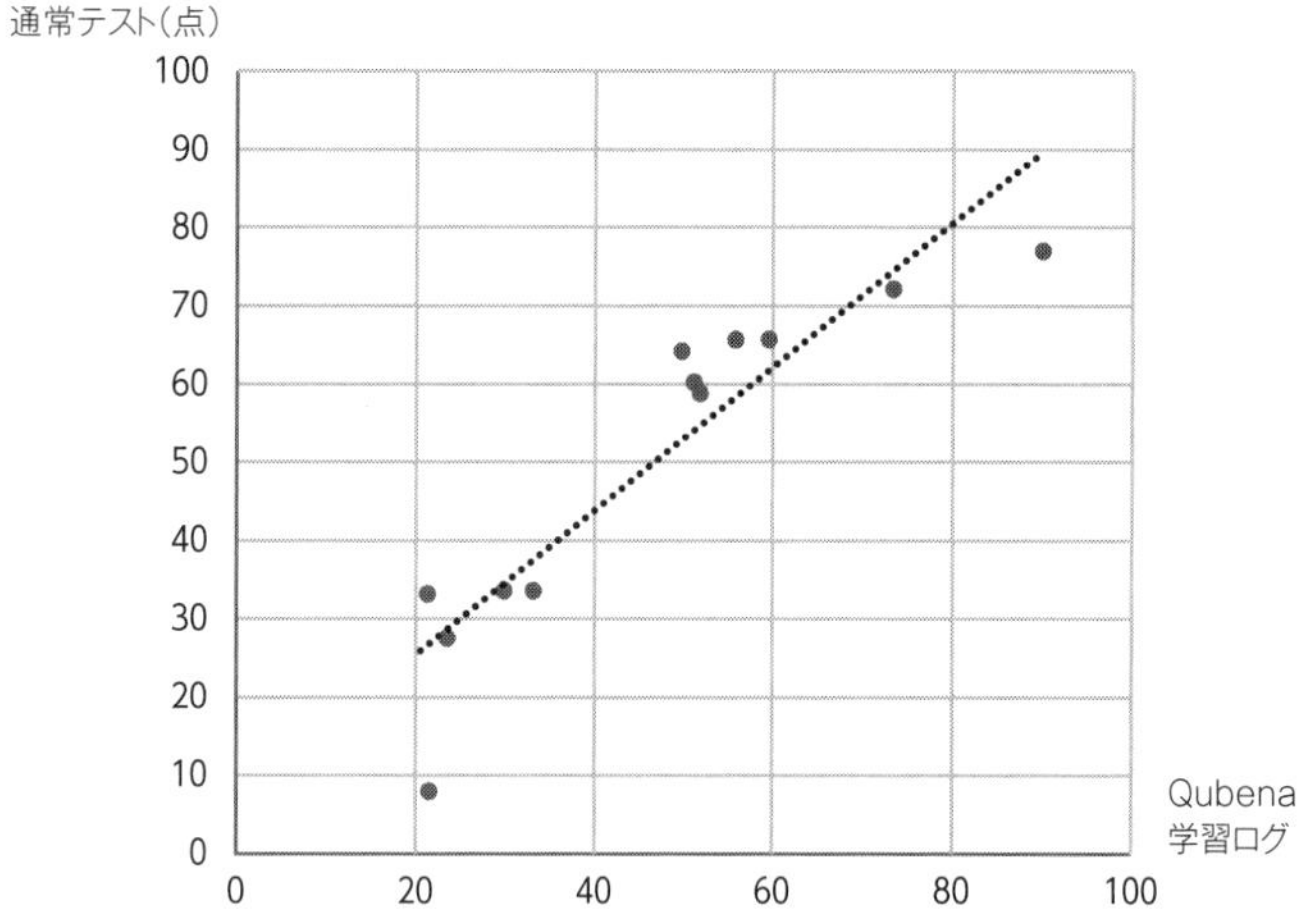

出典：経済産業省「未来の教室」実証事業

キュビナが「教えない授業」を進化させる

「はじめに」で述べたように、横浜創英中学・高等学校では2025年度に生徒主体の学びを重視したカリキュラムをスタートさせます。この新カリキュラムに先駆けて、中学校の英語科では、2023年より生徒が英語の授業で「学び方を選べる」仕組みを導入しました。

具体的には、週4時間の日本人教員による英語の授業のうち、2時間を生徒がクラスや学年を超えて学び方を選べるようにしました。中1〜中3まで縦割りのグループを作り、同じ時間割で英語を学んでいきます。ここでの教員の役割は「教えること」ではなく「生徒の自己決定を支援すること」。僕が実践している「教えない授業」をクラス・学年を超えてさらに発展させた形です。

学び方の種類は毎回4〜5種類用意しました。

「先生が教える教室」ではスケジュールを前もって生徒に伝え、その内容を教員から学びたい生徒は学年にかかわらずその教室に行けば授業を受けることができます。例えば「今日は過去形について学ぶ」という内容であれば、まだ過去形が教科書に出てきていない中1もチャレンジすることができますし、既に過去形を習った中3も復習として受講することもできます。

「生徒同士が教え合う教室」では、分からないところを生徒同士で教え合うだけでなく、スピーチや音読などの練習など、声を出して英語を学びたい生徒も集まります。

一方、1人で集中して学びたい生徒のために「個で学ぶ教室」も作りました。ここではキュビナやワーク、参考書などに取り組んだり、スピーチの原稿を書いたりして学ぶ生徒が多いです。

さらには「企業から学ぶ教室」も用意。2024年度は英会話やプログラミングを英語で学ぶプログラムを提供しました。

これらのどの教室でも周りに合わせるのではなく、自分自身の目標に向け学ぶことができるようになりました。

キュビナのようなAI教材は、それだけで生徒が自律的に学べるようになるわけではありませんが、生徒が主体的に学びを自己決定するカリキュラムや教員の支援が整った時にこそ、大きな効果を発揮するのです。

生成AIを使いこなす5つのコツ

キュビナのように教材に組み込まれた生成AIに加えて、ChatGPTの登場により、子どもたちにとっても生成AIは「自分で使うもの」として広がりを見せ始めています。かつては「ググれることは教える必要がない」と言われていましたが、今では絵や作詞、作曲といったクリエイティブな領域までも生成AIが担えるようになりました。このような時代において、学校で何を教えるべきか、生成AIとどう向き合うべきかが多くの教育現場で議論されています。

これからの教育において、生成AIをどのように活用すべきか。答えは1つではありませんが、確実に言えることは、「生成AIは学びを深めたり促進させたりする可能性がある一方で、使い方を誤ると子どもの考える力を奪う危険がある」ということです。例えば「読書感想文を書いてください」や「宿題をやってください」という使い方では学びは深まりにくいでしょう。しかし、「読書感想文の構成を教えてください」や「〜について効率的に学ぶ手順を教えてください」といった依頼であれば、自分で考えるためのヒントを得ることができます。

僕は、ChatGPTを効果的に活用し、学びを深めるために、以下の5つのポイントとChatGPTに入力するプロンプト（命令文）の例を子どもたちに伝えています。

●ChatGPTの活用法

①自律学習のヒントを得る

・目標設定のヒント：「英語を学んで人生が豊かになる例を教えてください」

・学習方略のヒント：「英語のリスニング能力を高める効果的な学習方法を教えてください」

②計画を立ててもらう

・勉強したい項目と日数、1日に確保できる勉強時間を入力することで、計画を立ててもらう。

③対話をする

・英会話の練習相手になってもらう。
・議論やディベートの相手になってもらう。
・探究のテーマを相談する。

④問題を作ってもらう

・「英検3級レベル（CEFR A1レベル）のスポーツをテーマにしたリーディング問題を作ってください」といった形で問題を作成してもらう。

⑤添削してもらう

・自分の書いた小論文や英文を貼り付け、「観点別に評価してください」とお願いすることで添削をしてもらう。

④⑤で、今の自分の学力をメタ認知し、何ができて何ができないかを理解することができ、次の学習方略につなげることができます。

このように、生成AIを「生身の先生」だと思って活用することが重要だということです。子どもたちは、先生に「宿題をやってください」とは言いませんよね。隣に先生がいる感覚で、生成AIもまた、自律学習を促進するためのツールとして使えるようにするべきでしょう。

対談

AIが変える教育の未来

全国の教育現場に広がっているAI教材キュビナ。その開発者である神野元基さんは、文部科学省の中央教育審議会委員などを務め、現在は東明館中学校・高等学校の理事長・校長として現場に携わる、これからの教育を担うキーパーソンの1人です。そんな神野さんのベースには、学校や大人への不信感を抱き、「我が道を行く」で突っ走った子ども時代の体験があるといいます。起業家として、そして教育者としての子どもたちへの思いを聞きながら、従来の学校をAIが変えていく可能性について一緒に考えました。

理由なく先生に反抗していた子ども時代

山本：神野さんはＡＩ教材「キュビナ（Qubena）」の開発者であり、文部科学省の中央教育審議会委員などを務め、現在は東明館中学校・高等学校の理事長・校長として教育改革を進めています。そんな神野さんを迎え、学校×ＩＣＴを通じた新たな教育の形を話し合いたいと考えていました。

神野：ありがとうございます。よろしくお願いします。

山本：ご紹介したように、神野さんは起業したり学校を経営したりと多岐にわたる活躍をされていますが、どんな子ども時代を過ごしたんですか？

神野：子ども時代にはいろいろなことがありまして、小学校では「自由奔放な破壊者」、中学校では「悲しみに暮れた一匹狼」、高校で「傷ついた不良少年」という感じでしたね。

山本：それぞれの時代がとても気になりますね（笑）。詳しく聞きたいです。

神野：小学校時代の私はクラスの中でも一、二を争う背丈で、勉強も割と得意としていました。そんな特徴によるものなのか、普段の遊びの場面などではリーダーシップを取って、自分の提案を通すことが多かったんです。ただ、そのリーダーシップが良くない方向に作用することもありました。

山本：良くない方向というと？

神野：学校中を巻き込む騒ぎを起こしてしまったこともあるんですよ。当時、あるアニメが大流行して、関連商品のおもちゃが品切れ続出となっていました。「どこどこのお店に行ってみたけど買えなかった」と同級生が嘆いているのを見て、これはチャンスだと思った私は、在庫があるお店を見つけ出し、その情報を友だちに売るというプチビジネスを始めました。

山本：なんと商魂のたくましい……。

神野：これが評判になり、学校中の児童に情報を売りさばいていたら先生や保護者にバレて大問題になってしまって。考えてみれば当然ですよね。学校に呼び出されることになってしまった母親から「あなたは人の上に立ってはダメ」と天啓のような言葉をもらったのを覚えています。

山本：中学校・高校時代はどんなふうに過ごしていたんですか？

神野：小6の失敗経験から、中学校では一匹狼。田舎の学校ということもあって、一匹狼を気取っていると先輩たちから目を付けられてしまうこともありました。そうした怖さや、「ルールを守れ」と押しつけてくる学校や世の中に納得がいかず、悶々とした気持ちで日々を過ごしていました。高校へ進むと、先輩たちから絡まれないように「こっちが目立ってやれ」と思って髪を金色にして、バンド活動を開始。相変わらず学校や大人への不信感が強かったので、授業はほとんど聞かず、手元で自分が好きな数学の勉強ばかりしていましたね。

山本：かなり激しい子ども時代ですね（笑）。小学校時代に芽生えたという学校や大人への反抗心には、何かきっかけがあったんですか。

神野：よくあるのは「先生から理不尽な仕打ちを受けて……」といったエピソードだと思うんですが、私の場合はそうした記憶がないんですよ。特定の先生が嫌いだったという思いもなくて。

山本：特段、ひどい先生にぶち当たってしまったわけではなかったと。

神野：はい。ただ言葉を選ばずに言うと、私は先生たちをなめていたんだと思います。小6の時、クラスには私の神野グループの他に、もう1つ目立つ男の子が率いるグループもあって、勢力争いのようになっていました。相手グループを蹴落とすために私がやったのは、情報を売りさばいて稼いだお金をひらひらと見せびらかすこと。今にして思えば、こんな子どもがいたら大変ですよね。そんな自分自身の経験を振り返ると、大人が要因になっているというより、子ども自身の傾向によって、何かをしでかしてしまうこともあるのかな、と思っています。

山本：授業がうまくいかなかったり、子どもが言うことを聞いてくれなかったりすると、「自分に原因があるんじゃないか」と悩む教員もいます。でも必ずしもそうではないのかもしれませんね。

自分自身で選ぶ子どもが増えれば、悩む教員を減らせる

神野：実際に学校現場に身を置いていると、子どもたちは本当に多様だと感じます。東明館では「子どもが授業を受けない権利も認めてあげよう」と教職員で話し合うようになりました。無理やり席に着かせようとするのはやめて、他の子どもの学ぶ権利を奪うことなく、別室で1人で学ぶなどのその子自身の権利も認めてあげようと。

山本：共感します。僕たちの学校でも同様の対応をしています。

神野：一方で、「教員が授業をしない権利だってあるのではないか」という議論もありました。例えばある中学校教員は、クラスの中で子どもたちが大人を排除しようとする空気を持っていることに悩んでいました。そのうちに「先生に一発で消しゴムを当てたら勝ち」といったゲームを子どもたちが始めて、実際に教員へ向けて消しゴ

ムを投げてきたそうなんですね。そうした場面に遭遇して、「これは教員に対するハラスメントではないか」と訴えていました。こうした事例を考えると、「教員は何が何でも授業を成立させなければいけない」と考えるのは、前提として無理があるように感じていて。

山本：おっしゃる通り、すべての原因を教員に求めることはできないと思います。社会で許されないことは、学校でも許されません。

　僕自身の経験を踏まえて申し上げるとしたら、子どもたちを指導する際には、社会で許されない行為を優先して叱るべきだと考えます。現在の学校では、髪の色のような個人の特性と、いじめなど人権を傷つける行為を同じように叱ることがあり、その結果、子どもたちは何が本当に悪いのかを正しく判断しにくくなっています。今回の「先生に消しゴムを投げる」といった行為は明らかにハラスメントであり、社会では決して許されません。こうした問題を見過ごさず、なぜいけないのかを具体的に伝えることで、子どもたちは学校と社会のつながりを意識し、自分の行動を適切にコントロールする力を身につけることができると思うんです。

また、先生との相性や学び方には個人差があるため、生徒が自分に合った先生や学習スタイルを選べる仕組みを整えることも重要です。自ら選択する経験を積むことで、学びに対する責任感が育まれ、主体的に行動する力が育つのだと思います。

神野：そうですね。学校と社会のルールをシームレスにし、自分自身で選び、選んだことに責任を持ってもらう。そんなふうに子どもたちへアプローチしていけば、悩む教員を減らせるのかもしれません。

今の話で思い出したのですが、以前の東明館では「スマホや携帯電話を持ってきた生徒は下校まで職員室へ預ける」というルールを設けていました。こうした、その場限りで何かを取り上げるルールは、子どもの自律を促す上では本末転倒なんですよね。

山本：家に帰ればまたスマホを触れるわけですから、自分でコントロールする術を学べないままになってしまいますね。スマホが手元にあるとつい触ってしまう。だから「誰かに預ける」という手段を「自分で選ぶ」ことが大切です。誘惑の強いものを遠ざけることは1つのスキルです。

神野：はい。一方、教員の気持ちを考えると「預けるルール」になるのも分かるんですよ。授業中の教員の様子を子どもたちがスマホで隠し撮りしていることもありますから。「自分の授業の様子がネットで共有され、場合によってはデジタルタトゥー（個人情報や画像・動画などがインターネット上で拡散し、完全に削除することが不可能になってしまった状態）として残ってしまう」と不安になるのはよく分かります。教員側にデジタルへのなじみが薄ければ薄いほど、子どもたちが悪気を持って使った場合のデジタルは脅威でしかないのだと思います。

山本：難しい問題ですよね。先ほども触れたように、今までの中学校・高校は、校則など学校独自のルールで子どもたちを縛ることが上位にありました。でも本当に上位になければいけないのは、社会のルールを守ることです。子どもたちは、何が社会的に許されないことなのかをきちんと学ばなければいけない。隠し撮りなどは、場合によっては法律に触れ、警察が関わる問題となります。学校の中で起きた問題でも、社会のルールを破ってしまったのであれば犯罪であるということを伝えなければいけないと思います。何が社会で許されないのか、何を叱るべきなのか、優先順位をつけなければなりません。

世界平和を実現するためにシリコンバレーへ

山本：神野さんが開発したキュビナは、個別最適の学びを支援するツールとして多くの教育現場に導入されています。こうした事業を生み出した、起業家としての神野さんの思いについてもお聞きしたいです。

神野：起業家としての原体験は、ＳＦＣ（慶應義塾大学 湘南藤沢キャンパス）で過ごした大学時代にあります。個性的な人たちが集まる刺激的な環境で、大学1年生の夏休み、私はトランプゲームのポーカーに出会い、「これは自分のためにあるゲームだ！」と思って熱中しました。世界大会に出て、19位になったこともあるんですよ。

山本：世界19位！　ものすごい実績ですね。

神野：世界大会が開催されていたアメリカではポーカー人気が高く、テレビのゴールデンタイムで大会の模様が放映されるほどでした。そんな環境で私はポーカーのプロプレイヤーとなり、ポーカー関連の事業での起業も経験。ただ、そんなことばかり熱中していたので授業にはほとんど出席せず、ある日大学から退学通知が来まして。その後はシリコンバレーへ移って再び起業しました。

山本：シリコンバレーへ行くことはもともと考えていたんですか？

神野：そうですね。ちょっと大きな話になりますが、私は大人に反抗していた中高生時代から「世界平和を本気で実現したい」という思いを持っていました。殺伐とした子ども時代を送る中で、「人が人を殴らない、人が人を殺さない」世界をどうやって実現できるか、真剣に考え続けていたんです。私にとってシリコンバレーは、その目標をテクノロジーで実現するための場でした。

シリコンバレーには、世界から尖った才能を持つ人材が集まっています。本当の意味で世界中から優秀な人材が集まる場所はそうそうありません。シリコンバレーという狭い場所で流行したサービスは世界中に拡散していきます。だから、シリコンバレーで世界平和を実現するサービスを生めば、世界中に広げられると考えていました。

山本：とはいえ、シリコンバレーは決して身近な場所ではないですよね。何かしらのツテはあったんですか？

神野：まったくありませんでした（笑）。日本で経営していた会社を売却して資金を作り、現地の不動産屋で家を探すことから始めました。そこからいろいろなコミュニティに顔を出し、少しずつ人間関係を広げていきました。

山本：最初から順調に進んだんですか？

神野：いいえ、最初から最後までまったくうまくいかず、失敗して1年半で帰ってきたんです。学生時代の起業は何となくうまくいったので、「自分はやれば何とかなる」という圧倒的な過信があったんですね。英語もろくに話せないのに。実際に現地へ行ってみると、法人を登記すること自体もままなりませんでした。一定規模で現地の人を雇用することが求められたり、日本とは桁違いの費用が必要だったり。シリコンバレーでは仲間もまったく集まりませんでした。

山本：うまく仲間が集まり、順調に起業が進んだ場合には、どんな事業を展開したいと考えていたのでしょうか。

神野：当時の私は、ウェブカメラを使って人々の表情を認識し、感情を数値化するエンジンを作っていました。同じものを見ていても、泣いている人と笑っている人がいるなど、人々の感情がずれていることがあります。争いが起きるのは、こうしたずれが原因だと考えたんです。テクノロジーによって人々の感情のずれを感知できれば、争いを防止できるはず。そんな思いで開発に取り組んでいたのですが、今と違って当時はウェブカメラを使うこと自体が一般的ではなく、「デバイスに自分の顔を写すなんて気持ち悪い」と感じる人も多かった時代。私のアイデアはまったく理解されませんでした。

「忙しすぎる」子どもたちのためにキュビナを開発

山本：その後、神野さんは帰国して学習塾を設立しています。なぜ教育事業に取り組んだのでしょうか。

神野：シリコンバレーでは当時、ＡＩによるシンギュラリティ（技術の急速な進歩によって人の生活が決定的に変化する未来を指す言葉。ＡＩの文脈では「ＡＩの知能が人の知能を超える技術的特異点」を指す意味で用いられる）が話題となっていました。「２０４５年にはＡＩが人間を超える」と。そうした未来像を日本でどのように伝えていけばいいのかを考え、まずは子どもたちに分かりやすく伝えることが必要だと感じ、学習塾を立ち上げました。

山本：どんな学習塾だったんですか。

神野：一般的な受験対策の学習塾として運営しつつ、外部講師を招いた講演会を開くなど、受験勉強だけでは得られない知識や観点も伝えていました。ただ、学習塾を実際に運営する中で、私は「子どもたちが忙しすぎる」実態を目の当たりにしました。

子どもたちは朝8時に学校へ行き、18時くらいまで部活に参加し、それから21時くらいまで塾で勉強する。こんなに忙しい毎日では、未来について語る時間なんてなかなか取れません。教室に目を向ければ、子どもたちは講師の話を聞くだけでなく、独自にプリントに取り組んだり持参した参考書で学んだりと、これまた忙しそうにしている。その光景を見て、「もっと個別最適で効率的に学べる仕組みがあれば未来のことを考える時間的余裕が生み出せるのではないか」と考え、キュビナの開発を決意しました。

山本：子どもたちを取り巻く環境がキュビナ開発へとつながっていったんですね。開発過程で特に苦労したことは？

神野：教材を作ること自体がとても大変でしたね。子どもたちの理解度や進捗度に合わせて、個別に最適な問題を表示するためには膨大な量の問題数が必要になります。そのため初期段階でゼロから、ひたすら問題を作り続け、2016年のリリース時点で約2万問を準備。これを4人で取り組みました。

山本：想像するだけでもおそろしい仕事ですね……。それだけの問題数を用意したからこそ、一人ひとりの子どもたちに最適な問題を提供できると。

神野：はい。強く意識していたのは、子どもたちに無駄な時間を取らせないことです。無駄な問題も、無駄な動画も見せたくない。そう考えるとピンポイントに問題を表示させなければいけないわけです。

山本：だからキュビナには動画教材を搭載していないんですね。

神野：動画教材にはさまざまなメリットがあるものの、一方で「究極の集団授業」になってしまう側面もあると思っています。子どもたちが必要に応じて、見たいところだけをピンポイントで見られるようにすれば意味があるのですが、大人が「これを見て学びなさい」と押しつけてしまっては意味がないように感じるんですよ。

山本：そうですよね。「これを見なさい」と強制した時点で、どんなに良い授業動画でも意味がなくなってしまうのかもしれません。僕の英語の授業で、有名な英会話系YouTuberの動画を見て、みんなで考察する授業をしたことがあるんです。そうすると、子どもたちそれぞれに動画との相性があることが分かりました。「私はこのYouTuberが好き」という子がいれば、「この人の話し方は何か嫌だ」と話す子も。だから、僕たち大人がすすめるものが必ずしも子どもたちにとって良い教材だとは限らないんだと思います。

神野：キュビナも数ある選択肢の1つ。この学び方がいいと思う子どもは活用すればいいし、合わない子どもは無理に使う必要はありません。

山本：でも世の中では、「キュビナなどのＡＩ教材を与えれば問題が解決する」といった空気が生まれ、子どもたちに投げっぱなしにしているケースもあります。こうした教材を活用するためのポイントはどこにあるのでしょうか？

神野：ＡＩ教材の導入を目的化した時点で意味がなくなると思っています。本来の目的は子どもたちが望むそれぞれの学び方を実現すること。ＡＩ教材はそのための選択肢でしかありません。

山本：おっしゃる通りですね。さまざまな選択肢の中から自分にとって最適なものを選び、将来につなげていくステップが大切だと思います。

神野：ただ、これは簡単ではないのも事実ですよね。自由進度学習を追求していくと、従来の評価のあり方など、見直さなければならない部分も多々出てくると思います。教員によっては「子ども自身が選択する」こと自体に腹落ちできないかもしれません。保護者の反応もあります。場合によっては勉強しない1時間を選択する子どももいる中で、保護者は「うちの子どもにもっと勉強させてほしい」と思うかもしれません。

山本：横浜創英でも、そうした保護者の悩みに接することは多いです。そんな時僕は、「勉強ができるようになるには2つしか方法がない」と話すんです。1つは教員や親がすべてを決めて、スパルタでやらせ、従順さを育てること。もう1つは子ども自身に考えてもらい、選択する力を育てること。僕たちは後者の方法を選び、このやり方が未来につながると信じています。僕はいつも子どもたちに「好きなことをやる時間を生み出すためにキュビナのような手段をどう使う？」と問いかけているんですよね。先に進める子どもはどんどん先に進んで、家に勉強を持ち帰らなくてもいいわけですから。

神野：開発者としての思いも、まさにそこにあります。子どもたちには、授業で時間いっぱいキュビナを使うのではなく、キュビナを使ってうまく自分の時間を生み出してほしいですね。

子どもたちの評価を偏差値だけで決めたくない

山本：東明館の理事長・校長として、神野さんはどんな展望を描いていますか？

神野：従来の東明館は、偏差値教育の中で「医薬に強い」などの高いブランド力を持っていました。しかし現在の東明館では総合型選抜を進め、大学のように子どもたち自身がカリキュラムを選んで学べるようにしたいと考えています。数学一つにしても、受験のための座学数学から探究数学、グローバルに対応する数学までさまざまなカリキュラムを準備します。

私は、子どもたちの評価を偏差値だけで決めるのが本当に嫌なんです。もっともっと、子どもたちの強みを見いだせる多様な軸があるはず。一人ひとりが光り輝く部分を見つけ、次の進路につなげられる学校にしたいと思っています。

山本：偏差値の軸以外の強みが見えてきた時にこそ、シンギュラリティを乗り越えていくスキルや個性が引き出されるのかもしれませんね。

神野：はい。加えて、そうした個性的な子どもたちが同じ空間で関わることも重要だと考えています。東明館のような地方の私立校が学校改革を成し遂げられれば、私立校の存在意義を改めて示すことにもつながるはずです。日本の教育をどのように変えていくべきか。このテーマを追求し、実際に私たちがスピーディに変わっていくことが、日本中の学校にとっての一つの指針になると思っています。

山本：神野さんの言葉から刺激を受ける教育関係者は本当に多いと思います。僕自身もそうです。取り組んでいる改革は時間がかかるものだし、これまでの当たり前とかけ離れていればいるほど、困難も多い。それでも僕たち教員は希望を持って、日本中の学校に変化を生み出せるよう、取り組み続けなければいけませんね。

神野元基（じんの・げんき）
文部科学省 中央教育審議会 初中等部会臨時委員、宮崎市 教育CIO、佐賀市 教育ビジョン策定アドバイザー、東明館中学・高等学校 理事長校長など国から学校現場までのさまざまな立場を同時にスタークホールドすることによって教育改革に尽力。慶應義塾大学総合政策学部在学中より起業し、大学を中退。2011年にシリコンバレーで起業したことをきっかけに人工知能のもたらす未来の世界と教育について関心を持ち日本に帰国し学習塾を起業。その中で、教育の壁にぶつかり2015年にQubena開発に着手する。

あとがき

「教えない授業」実践ノート

本書では、学校教育やビジネスの現場で活躍する方々との対話を通じ、学びの主体性を子どもたちに取り戻すための方法を考えてきました。その過程で僕は、これまでに実践し続けてきた「教えない授業」をさらに活用していくことが欠かせないという思いを新たにしました。

最後までお付き合いいただいた読者の皆さまへ、ここではあとがきに代えて、僕自身が探究する「教えない授業」の最新ナレッジをお届けできれば思います。

「教えない授業」を始めたきっかけは、2011年の東日本大震災です。震災後、被災地を訪れ、現地の子どもたちと交流した後の気づきからです。僕の最初の著作である『なぜ「教えない授業」が学力を伸ばすのか』（2016年、日経BP）では、以下のように綴っています。


かつてそこにあったものが、ありません。家庭には家族の笑顔が、学校には子どもたちの歓声が、町には人々が行き交うぬくもりがあるはずです。普段僕らは自然にこれらを感じ、生きています。しかし、ここには、これらが全くないのです。

このことをどう生徒たちに伝えるか、ことばは簡単には見つかりませんでした。しかし、1つ確実に分かったことがあります。それは、

「人間には、ゼロからスタートしなければならない時が来る。教師がいなくても学び続ける生徒を育てなければならない」

ということでした。震災のような天災で生活をゼロからスタートしなければなら

ない時が来るかもしれません。社会に出て、会社をゼロから立ち上げなければならない時が来るかもしれません。その時に備えて、準備しなければならないのです。学ばなければならないのです。

そして、僕たち教師や大人がしなければならないことは、「教師や大人がいなくても学び続ける子」を育てなければならないということです。そのためには、教師が前面に立って「教える」スタイルでは、子ども達は教師に依存してしまいます。それでは「教師がいなくても学び続ける子」は育ちません。そしてある言葉が心に浮かんできました。

「教えない」

このようにスタートした「教えない授業」は、文字通り、教員が一方的に教えることをせず、子どもたちが目的達成のために手段を主体的に選択し、学ぶ教育手法

です。当時は「教えない授業」は特別な教員が実践する特別な手法として認識されていました。

ところが、コロナ禍で学校が休校になり、物理的に教員が教えることができなくなった時、「教えない授業」のような生徒が自ら学ぶ手法が現実的に注目され、特別な手法ではなく、これからの時代に必要な教育手法として認識され、実践する人も増えてきました。本書の対談でキーワードになる「教えない授業」はこのように始まったのです。

コロナ禍で全国的に休校が増えていたタイミングで、GIGAスクール構想が文部科学省主導で進められ、全国の児童・生徒に1人1台のコンピューターと高速ネットワークが整備されました。導入されたタブレットやPCを使い、AI教材や動画などを活用する「個別最適な学び」の重要性が注目され、自由進度学習といった「教えない授業」も増えました。

しかし、子どもたちにタブレットやPCを渡せば自動的に学ぶようになるわけではありません。優れたＡＩ教材だけでは、子どもたちが勉強できるようにはならないのです。子どもたちにとってタブレットやＰＣで一番やりたいことは、ゲームや好きな動画の視聴です。授業中に学ばずゲームをしてしまう子どもたちに対し、叱ったり、一方的にルールを作ったりしてしまうと、「教えない」けれど「学ばせる」授業になってしまうことが少なくありません。「教えない授業」でもただの自習のように放置してしまっては、生徒は主体的に学びません。「教えない」＝「放置する」ではないのです。

それでは、「教えない授業」の成功の秘訣は何でしょうか。僕が現在支援している横浜創英中学・高等学校の「学び方改革」を通してお話しします。

横浜創英中学・高等学校では、「教えない授業」の理念をさらに進化させ、生徒が主体的に学べるカリキュラムを２０２５年度にスタートさせる予定です。特に高校では、自由選択科目を大幅に増やし、学校外での学修単位（大学の授業や企業でのインターンシップ参加）を最大36単位まで認めるなど、幅広い学びの場を提供します。さらに、多くの必履修科目を1年生の前期で終え、後期からは自由選択科目を中心に授業を選択することができます。異学年で学ぶ授業も導入し、空き時間を作り出すことで大学の授業のような学びを実現するのです。

しかし、形だけで生徒に選択肢を与えても、自動的に主体的な学びが生まれるわけではありません。そこで、カリキュラムの整備と並行して「学び方改革」にも取り組みました。横浜創英の「学び方改革」は授業改革でもあります。

横浜創英では、「教えない授業」をさらに進化させ、生徒が主体的に学ぶための授業改革の研修を始めました。ポイントは3つです。「目標設定」「メタ認知」そして「戦略的学習力」。それぞれの具体的なポイントについて説明します。

1．目標設定の重要性

生徒が主体的に学ぶためにまず重要なのは目標設定です。僕たち大人は、年齢とともに「成し遂げたいこと」が増え、それに向けて自然と学ぶ姿勢が身に付きます。今だったら、「勉強する理由って何ですか？」と聞かれたら、きっと答えられますよね。
しかし、子どもたちは目標設定の経験が少ないため、学びを「与えられるもの」として捉えがちです。そのため、なぜその科目を学ぶのかといった目標を持つことが大切です。それが目指すべき頂上となり、「勉強しよう」という自律の一歩を踏み出せるのです。

目標設定には「個人目標」と「共通目標」があります。

・個人目標：これは一人ひとり異なる目標です。例えば、「英語を学ぶ個人目標」には、「将来、海外で働いてみたい」「好きな映画を字幕なしで理解できるようになりたい」「英検3級に合格したい」などがあります。個人目標は「目的」と言ってもいいのですが、一人ひとり違っていいことを強調するために「個人目標」という言葉を使っています。

・共通目標：指導要領に基づき、学校で生徒に身に付けさせたい目標です。単元テストや定期考査の範囲などが該当します。これは学校に来る意義としても重要になります。

個人目標が学ぶ「目的」となり、その過程として「共通目標」を達成しようとするつながりが出てくると、目指すべき頂上がブレなくなります。

2．自分を知る「メタ認知」

目標を設定した後は、自分自身を見つめ直すことが求められます。目標に対して今の自分が何をできているのか、何がまだ足りないのかを理解し、その上で目標達成のためにどのような選択肢があるのかを考える力、これが「メタ認知」です。例えば、「英検3級に合格したい」という目標を設定した時、「自分はリスニング力が足りない」と自己理解することがメタ認知です。生成ＡＩに自分のレベルの問題を分野別に作ってもらうなど、自分の学力を把握することが容易になります。目標に対して自分をメタ認知することで、「できない」を「できる」に変える主体的な学びが起きると考えます。

この力を育むためには、過去の学びを振り返り、現在の自分にできることの選択肢を考えることが大切です。ですから、この選択肢を増やしていくことも「教えない授業」では重要になります。

従来の教員主導の教育では、効率的な学び方が提示され、生徒全員が同じ方法で取り組むことが一般的でした。しかし、この方法では、生徒が自分自身を理解し、選択肢を考える力を育てることが難しくなります。生徒が主体的に学ぶためには、今の自分を目標に照らし合わせ、学びの手法を自分で決定する経験を積むことが重要です。

3. 自己決定を促す「戦略的学習力」

目標に向かって一歩を踏み出すためには、「戦略的学習力」が求められます。オックスフォード大学のマイケル・オズボーン教授は、戦略的学習力を「新しいことを学び、状況に応じて最適な学習法を選び、実践できる力」と定義しています。教師の役割は、生徒に多様な学びの選択肢を提供し、その中から最適なものを選ばせるサポートをすることです。

僕は子どもたちに手段を選択し、自律的な学びを起こすには、以下の4つの観点がポイントだと話しています。

①教科の学び方を知ること

・目標達成のために「できない」を「できる」に変える方法を複数手に入れる

②脳の特性を知ること

・視覚優位、聴覚優位、言語優位といった認知特性を知る

・継続するための工夫をする

脳は新しいことを嫌うので、三日坊主は当たり前。三日坊主を繰り返せば習慣になるなど

・記憶に残る工夫をする

「音読」や「人に教える」ようにまとめてみるなど

③まずは行動する工夫をする

・付箋など効果的な文具の使い方を知る

分からないところに付箋を貼り付け、分かるようになったらはみ出ないように引っ込める(「分かる」「分からない」「分からなかったが分かるようになった」を明確に区別する)

・問題集の効果的な解き方を知る

×教科書で学ぶ→問題集を解く→答え合わせをする

○問題集を解く→答え合わせをする→間違えた箇所の該当箇所を教科書で学ぶ

・効果的なノート(メモ)の取り方

ノートやメモの目的は、「再現性」。後で見返して、自分の言葉で内容を説明できるかが大切。

ノートやメモの取り方を複数試してみて、自分に合ったものを探す。

・勉強に集中する部屋のレイアウト

誘惑の強いもの（ゲーム、携帯、漫画……）は遠ざける。手に取りたいもの（教科書、参考書など）を近づける。

④学力向上のための生成ＡＩの活用法については２５４ページを参照してください。

このように自律的な学びを起こす方法、特に教科の学び方の選択肢を示すことができるよう、僕ら教員もさまざまな方法を試し続け、学び続けることが求められます。

4.「学びのミライ地図」の作成

ここまで述べてきたように、生徒が主体的に学ぶためには、①目標設定、②メタ認知、③戦略的学習力の3つのポイントを常に意識させることが重要です。この3つのポイントを1枚の紙にまとめた「学びのミライ地図」を作成することで、学びの進捗を可視化できます。

「学びのミライ地図」では、紙に左下から右上に向かう矢印を描き、その先に「目

図　「学びのミライ地図」の描き方（高１・国語を例に）

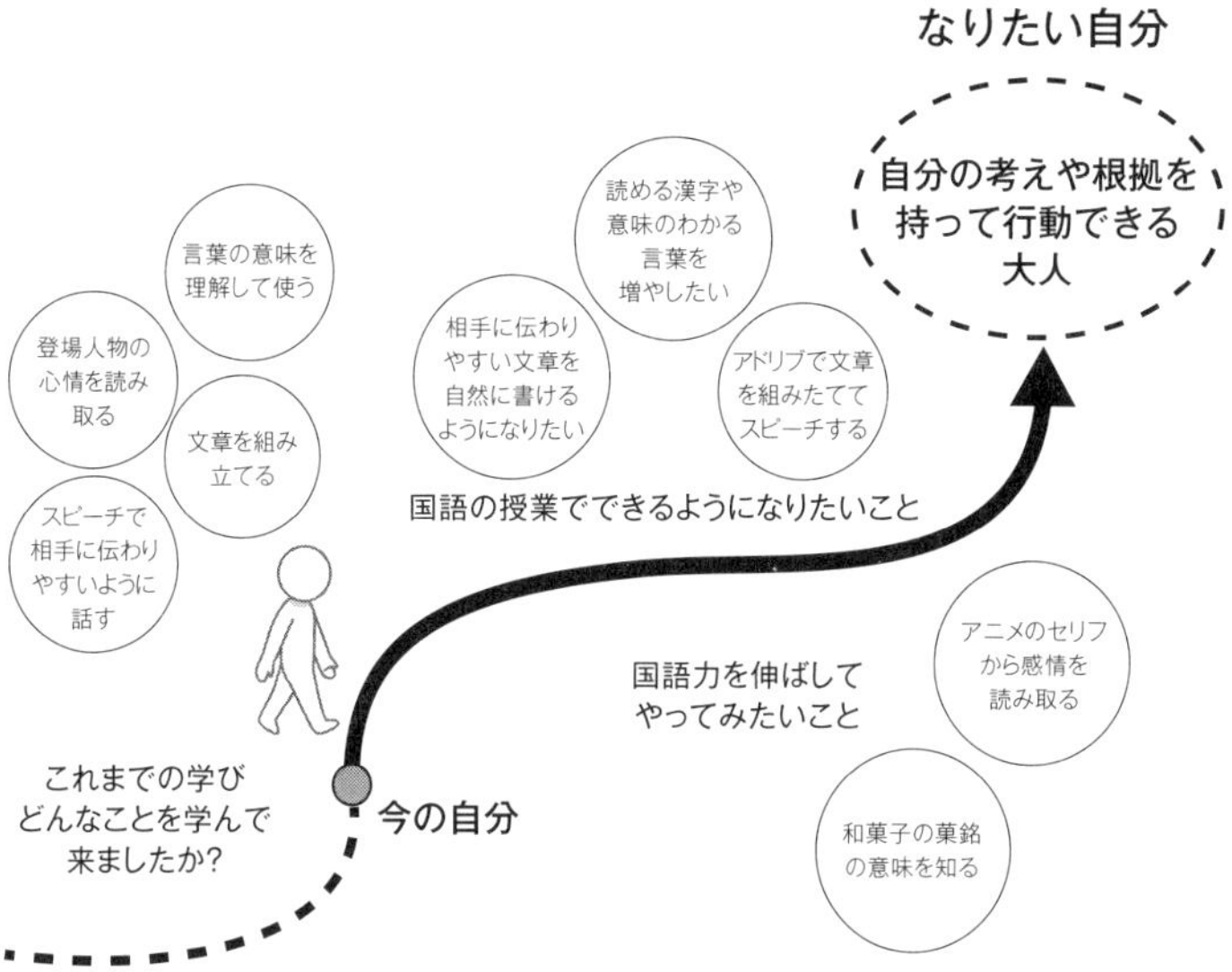

「いまの自分」から「なりたい自分」への矢印の周りに、取り組みたいことを記入する。
このような目標設定を書いて授業を受けることで主体性が育つ。

標」を記入します。左下の矢印の根元には、今自分が「できていること」と「できていないこと」を書き出します。これがメタ認知の部分です。そして、矢印の途中に「取り組みたいこと」を記入します。このように、1枚の紙で学びに向かうための3つのポイントをまとめることで、生徒は自分の学びの進行を具体的に把握しやすくなり、主体的に学ぶ意識を育むことができます。

このように、生徒が主体的に学ぶ力を育てるためには、「勉強しなさい！」という一方的な指導を避け、目標設定、メタ認知、戦略的学習力の3つの要素を意識させることが大切なのです。

どの子どもにも、主体的に学ぶ種は必ずあります。そして、その種が発芽するのを信じて支える大人が近くにいれば、子どもの主体性はいつか必ず花開きます。教員として、保護者として、あるいは未来の子どもたちを待ち受ける企業人として——。ありとあらゆる大人が子どもたちの可能性を信じ、その主体的な成長を支える土台となるべきではないでしょうか。

図　横浜創英「学び方改革研修」全4回の記録（グラフィックレコーディング：石橋智春）

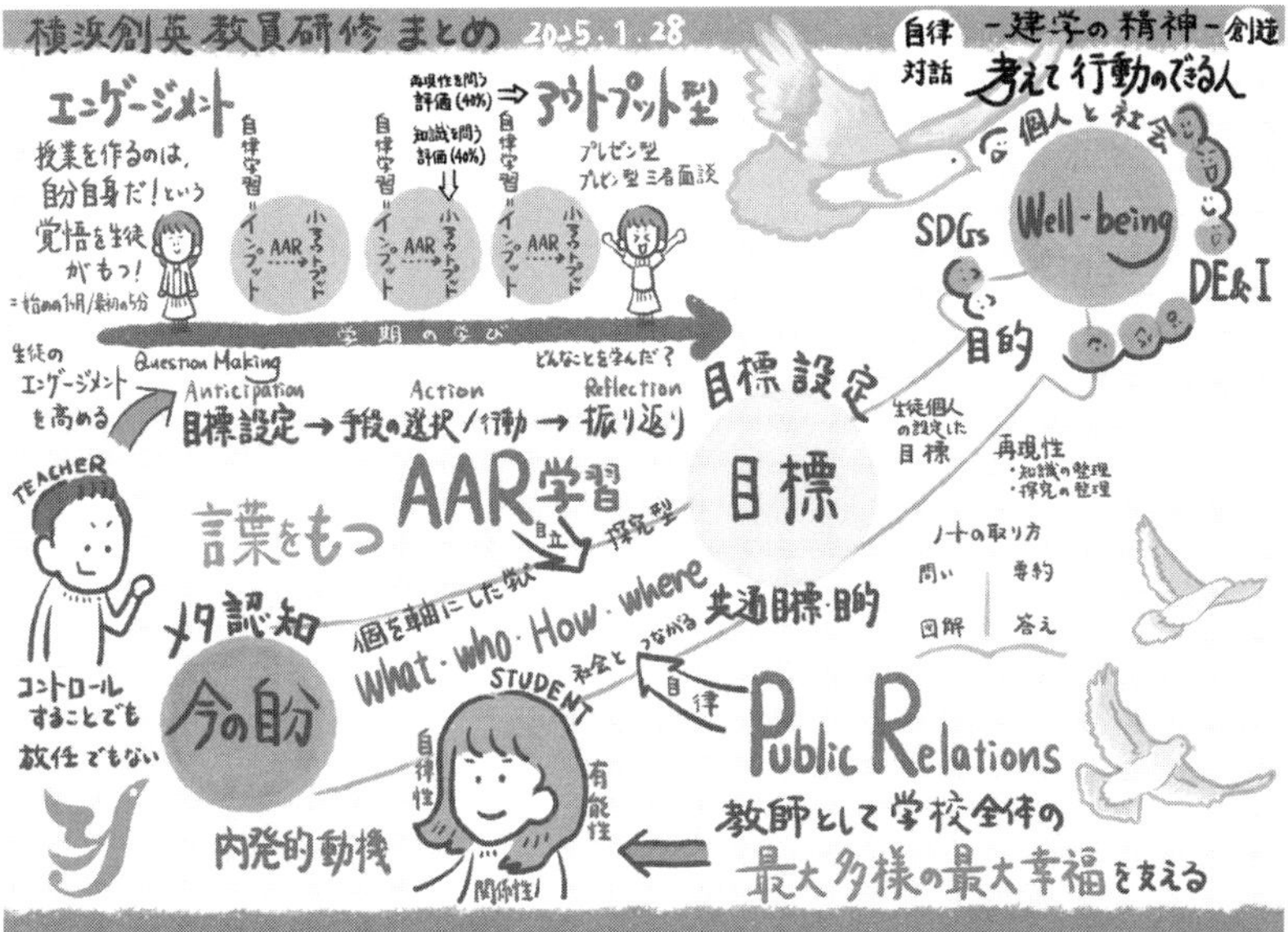

最後に、この本に収録した原晋さん以外の対談は、コロナ禍に開催したオンラインイベント「オトナが描くミライ地図」での対談をもとに構成しています。イベントの運営にご尽力いただいた大野大輔さん、坪谷健太郎さん、田上誠悟さん、日景太郎さんに、この場を借りて心より感謝申し上げます。今後も、子育て、学校教育、人材育成をテーマに、引き続き発信を続けていきたいと考えています。

山本崇雄

2025年2月

山本崇雄（やまもと・たかお）

横浜創英中学・高等学校副校長・日本パブリックリレーションズ学会理事長ほか。都立中高一貫教育校を経て、2019年より複数の学校及び団体・企業でも活動する二刀流（複業）教師。「教えない授業」と呼ばれる自律型学習者を育てる授業を実践。子どもから社会人まで自分で考えて行動する自律型人材育成をテーマにした講演会、出前授業、執筆活動を精力的に行っている。検定教科書『NEW CROWN ENGLISH SERIES』『My Way』（三省堂）の編集委員を務めるほか、著書に『「学びのミライ地図」の描き方』（学陽書房）、『なぜ「教えない授業」が学力を伸ばすのか』（日経BP社）等多数。

本書の感想や講演などの依頼は以下の個人ページからお寄せください。
山本崇雄個人ページ
https://takaoyamamoto.studio.site

「教えない」から学びが育つ
子どもが自律する教育のミライ

2025年3月20日　第1刷発行

著　者　　山本崇雄
発行者　　江尻　良
発行所　　株式会社ウェッジ
〒101-0052　東京都千代田区神田小川町1丁目3番1号
NBF小川町ビルディング3階
電話 03-5280-0528　FAX 03-5217-2661
https://www.wedge.co.jp/　　振替 00160-2-410636

編集協力　多田慎介
装　幀　佐々木博則
DTP組版・図版製作　株式会社シナノ
印刷・製本　株式会社シナノ

※定価はカバーに表示してあります。
※乱丁本・落丁本は小社にてお取り替えいたします。

ISBN978-4-86310-294-1　C0037